你與夢想之間，
只差一個公式的距離

POWER of ACTION

弘丹——著

自序

即刻行動，升級自己的人生版本！

清晨，我像往常一樣，坐在書桌前寫作。而此刻的心情有些激動，因為，這是在為自己的新書寫序言。

回顧過去幾年的生活，我發現人生軌跡發生轉變，是緣於一些微小的決定，而不是驚天動地的大事件。

二〇一五年一月四日，是非常普通的一天，我像往常一樣，上班、吃飯、睡覺。而這一天，又是非比尋常的一天，只因我萌生了一個小小的想法。那天傍晚，我的朋友朱穎磊（我們通常叫他教授）在「POAClub」的公眾號裡發布了一篇文章〈當美女想寫情色小說〉。教授平常是一位特別嚴肅的人，居然寫了一篇如此勁爆的文章，我帶著獵奇的心忍不住點進去，但讀著讀著我的眼眶溼潤了。那位想寫情色小說的美女，內心深處真實的想法是：寫下自己的所想所思。

「寫下自己的所想所思」這九個字，走進了我的內心。我猛然意識到，我也曾有過這樣的想法，只是從未行動。

我原本是一位重度拖延症患者，而這一次居然逆襲成了行動達人。看完文章第二天，早起半小時，在書桌前寫日記。一開始是手寫日記，每天寫四百至五百字，一個人默默寫了半年。而後，創建了「筆耕不輟」微信公眾號。後來，得知「簡書」這個寫作平台，開始在簡書寫作。寫作四百小時後，成為簡書的簽約作者。從此，一發不可收拾，每天清晨就坐在書桌前寫作，即使在美國出差和旅行的日子也堅持每日更新文章。

波赫士曾說：「我寫作，不是為了名聲，也不是為了特定的讀者，我寫作是為了光陰流逝使我心安。」

寫作讓我心安。每天清晨起床後坐在書桌前寫作，將心中的所想所思流諸筆端，成為文字；將生命中轉瞬即逝的美好時刻，透過文字鐫刻成為永恆。每一個不曾寫作的日子，都是對生命的辜負。

每日寫作，就像是與自己的約會。在固定的時間、固定的空間，每天預留一段時間，與內心的自己對話，靜靜地享受屬於自己的靜謐時光。寫作帶給我自由，讓我愛上每一個熱氣騰騰的日子。

寫作也是我的救贖。透過寫作，我一點點了解自己，打開封閉的內心，竟也一點點治癒了內心的傷痛。透過將近三年的寫作，我升級了自己的生命版本，遇見了一個全新的自己。同時，寫作也讓我找到了努力的方向。由此，我才真正意識到時間的寶貴。想做的事情很多，時間卻不夠用，一直被時間追著跑。

我們很難跑贏時間，我們只能規劃時間，合理、充分地利用時間。這本書，講的是如何掌控自己的時間與生活。第一步是思維重構，走出自身思維的局限。第二步是投資時間，讓每一分鐘為未來增值。第三步是成為高效的行動者，因為唯有行動才能改變自己。當這些改變在職場發生，可以帶你突圍職場，快速走出職場的迷茫期。當這些改變在生活中發生，可以帶你走出當前的困境，活出不可思議的人生。

改變自己，最難的是邁出第一步。因為我們總是在等待，等待某個特別的日子，彷彿從那天以後，我們就可以放手一搏，去實現我們的夢想。可是，那個特別的日子，一直沒有到來。

再也不要等待那個特別的日子，你該即刻行動，因為你不會比現在更年輕。

人生看似漫長，卻也短暫。日子一天天流逝，年歲一日日增長。如果以每月作為一個格子，以八十歲作為生命的終點，我們的人生也就區區九百六十個格子。用一張

A4紙繪製二十四乘以四十的表格，一生的時光就會呈現在你面前。人生的日子量化成生命格子，赤裸裸地展示在自己面前，本以為遙遙無期的人生終點，此刻卻觸目可及。如果八十歲是我生命的終點，我已走完了人生百分之三十五的時光。

我將生命的格子貼在牆壁上，時刻提醒自己時光的流逝。

你將如何填滿生命的九百六十個格子？

每逝去一天，你的生命就少了一天，每逝去一個月，你生命的格子就少了一格。想要實現夢想，最好此刻就開始行動。

你怎樣過一天，就怎樣過一生。過好每一天的日子，也就過好了一生的日子。每天做好當日的功課，也就不會辜負當日的時光。

願每一個閱讀此書的你，都能即刻行動起來，升級自己的人生版本，實現自己的夢想，成為自己喜歡的樣子。

本書的誕生，要感謝POA行動力的創始人張甯和啟發我開始寫作的朱穎磊。與POA結緣，才讓我成為高效的行動派。

感謝炎炎夏日一起採訪的周文藝，那些故事，終於變成文字，可以讓更多人看到。

感謝寫作訓練營的小夥伴們，你們對寫作的熱情也深深感染了我，讓我們一起：愛上寫作，一生筆耕不輟。

感謝閱讀本書的你。閱讀是生命的互動，感謝你走進我的生命。無論你的夢想是什麼，此刻就行動起來，人生永遠沒有太晚的開始，你也不會比現在更年輕。

給台灣讀者的話

二〇一七年十二月，編輯告訴我《你與夢想之間，只差一個公式的距離》會出繁體版，聽到這個消息，我特別開心。一想到自己的書可以出現在台灣的書店，就有一種莫名的興奮感。

雖然，我還沒有機會來台灣旅行，但我有不少來自台灣的同事和朋友。這本書裡有一篇文章《人生跌入谷底，該怎麼辦？》講的就是來自台灣的朋友卡樂（陳嘉欣）的故事。卡樂現在在上海生活，每次跟他聊天，都能帶給我不少啟發。有時，他的幾句話就能幫助我走出迷茫和痛苦。

我組織的「二十一天愛上寫作訓練營」也有不少來自台灣的學員，在閱讀他們文章的過程中，我慢慢習慣了閱讀繁體字。

這本書剛剛上市的時候，寫作訓練營的學員嘉泰想要購買，卻費了好大的周折。因此，這本書的繁體版上市，我也特別激動，一方面台灣的朋友們可以方便買到我的書，另一方面，想到未來在台灣旅行時，在書店裡看到自己的書也是件特別值得期待的事情。

最後，希望台灣的朋友們喜歡我的書，並且能透過閱讀這本書，更好地重構思維、投資自己的時間，成為高效能的行動派。這本書中有三十二篇乾貨文章，十二個追夢故事，希望能夠帶給你一些啟發和改變。

此外，我也希望更多人加入寫作的行列。我自己的人生透過寫作發生了很多美好的改變，也讓我有機會出版自己的書。我相信，寫作也能為你的生活帶來改變。

寫作是通往精神自由之路，讓我們一起用寫作來記錄自己的所想所思，書寫生活中美好的事情。每一個不曾寫作的日子，都是對生命的辜負。願我們一起愛上寫作，一生筆耕不輟。

感謝你閱讀這本書，希望你能喜歡，也希望這本書能為你的生活帶來一些美好的改變。

弘丹

二〇一八年四月二十一日　寫於上海

二〇一八年四月二十七日　修改於上海青橙學院

目錄

自序　即刻行動，升級自己的人生版本！……3
給台灣讀者的話……8

Part 1
思維重構法：跳出自身思維局限

沒有建立這種思維，學再多都是白費……16
每天十分鐘，輕鬆提高深度思考的能力……23
不明白這些道理，你以為的「投資」其實是「浪費」……31
可怕的不是階級複製，而是因此放棄了努力……37
即使人生可以重來，你還是老樣子……45
身為女性，你是否習慣性低估自己？……51
離開，就像重生一樣……56
覺醒，什麼時候都不晚……61
一個決定，損失一百萬……67
真正的教育拚的是父母的觀念……74

Part 2

時間投資法：讓每一分鐘為未來增值

你怎樣過一天，就怎樣過一生——時間投資法……80
成功的背後，是高度的自律……87
激情只能點燃夢想，習慣才能成就理想……93
沒有時間，不過是藉口罷了……101
你不是被困在當下，而是沒有活在當下……105
效能愈高的人，愈懂得休閒放鬆……110
人最重要的能力，是過好自己的生活……115
一個人會孤單，但不孤獨……120

Part 3

高效行動者：徹底改變自己的核心力量

拯救重度拖延症，華麗轉身成行動達人……126
為什麼想要改變自己，會經歷一千零一次失敗？……134
如今的光芒萬丈，是因為曾經的咬牙堅持……138
每一次拚盡全力，離夢想更近一步……143
努力的女孩，運氣都不會太差……148
大學生如何在畢業前存下半桶金？……153

閱讀，是一種全身心享受的自由和幸福……160
寫作，能給生活帶來什麼改變？……165

Part 4
職場突圍術：快速度過職場迷茫期

初入職場很迷茫，如何規劃和提升自己？……172
職場新人，最基本的特質是什麼？……178
在外商工作比較好嗎？……183
假如有一天被公司解雇了……190
做不喜歡的工作，是怎樣的體驗？……195
父母眼中的穩定，是你身上的枷鎖……200
在公務體制內工作是扼殺夢想嗎？……205
選擇一份讓你快速成長的工作……210
遇到奇葩老闆怎麼辦？……215

Part 5

人生不設限：活出不可思議的人生

人生跌入谷底，該怎麼辦？……220
人生只有一次，要活就活得淋漓盡致……226
去你夢想的方向，過你想過的生活……232
先學會輸，才有機會贏……237
你愛不愛自己，只看這三點……243
畢業十年，你過著自己想要的生活了嗎？……249
不必羨慕別人，自己亦是風景……254
活著的每一天都是特別的日子……259
三十歲，美好的人生才剛剛開始……265

Part 1
思維重構法：跳出自身思維局限

如果想要獲得成長，
要先從底層打通自己的學習心態，
建立「綠燈思維」。
建立「綠燈思維」的第一步是覺察到自己的「習慣性防衛」，
最可怕的就是你有「習慣性防衛」而不自知。

沒有建立這種思維，學再多都是白費

最近，一直有個問題困擾著我：為什麼有些人看了很多書、聽了很多課，進步卻微乎其微？

每當我參加活動，總能看見幾個熟悉的身影。他們是社群達人，彷彿二十四小時都上線，活躍在不同的社群；他們是活動達人，穿梭在不同的活動現場，忙著各種合影和自拍。我很好奇這些活動達人聽了那麼多分享、參加了那麼多活動，生活到底發生了什麼改變？

細思極恐，我發現自己也屬於「他們」之中的一員。

四月參加簡報達人秋葉大叔的知識付費線下分享活動。晚上聚餐時，向目標管理專家易仁永澄老師請教了我的困惑。我問了很多問題，永澄老師耐心地一一解答，我頻頻點頭。

旁邊一位七〇後連續創業者麥克看著我，一臉無奈的微笑，想說什麼，欲言又止。

在我的再三堅持下，他終於說出了自己的看法：「其實，永澄老師說的，你根本就沒聽進去。」

我不服氣：「沒有啊，我聽進去了，他講得很有道理。」

麥克說：「你以為你聽懂了，其實你根本就沒聽懂。」

他還說我的實踐太少，如果用一個詞來概括，就是「小白」（編註：稱呼對某方面毫無了解的人）。聽到「小白」這個詞，我的臉瞬間就紅了。我假裝不在意，低頭吃菜，內心波濤洶湧，有無數個小聲音在抗爭：我才不是小白，我怎麼會是小白！

回到家，我回憶與永澄老師的聊天內容，卻腦袋空空，什麼也想不起來。難道我真的沒有聽進去？

§

加入了V先生的小密圈（編註：小密圈是網路知識分享應用程式，創作者可藉此進行知識管理與溝通，現更名為「知識星球」）。V先生常在小密圈和微信群分享乾貨文章，要求大家看完文章寫三點收穫。

我認真地看了文章，寫了三點收穫。某次，我看了自己寫的三點收穫，驚訝地發現，我總結的那三點，是我之前就知道並且認同的觀點，我只是又從文章中找到了驗證。我認為這是我的收穫，其實只是在尋找舊知，而那些新的認知，並沒有出現在我的收穫裡。

有了這樣的覺察，猛然發現我一直都生活在自己構建的世界裡。

每次和同事出去吃飯，我都會選擇以前去過的餐館，點的菜也是熟悉的那幾樣。

選書的時候，我在無意識間只挑選自己喜歡的類型。

看書時，我在尋找的也是我認同的觀點。

寫的書評、文章，都是在重複那些我已經熟知的內容。

原來，我一直生活在自己用銅牆鐵壁構建的圍城之中，把自己圍得嚴嚴實實。那些不同的意見、那些新鮮的事物，完全無法穿過圍牆，進入我的世界。

雖然，我一直在看書，聽別人的線上分享，和不同人交流，但那些新知並沒有進入我的世界，我終究沒有走出自己的圍牆。這也是這麼多年來，我進步緩慢的原因。我的內心一直在拒絕進步。

五一長假回家，與爸爸的一番對話讓我更加清晰意識到這一點。

爸爸問：「你們買的房子漲價了嗎？」

我說：「漲了，比三年前漲了一百多萬人民幣。」

爸爸聽了，根本不相信：「不可能漲那麼多，最多漲二、三十萬元。」

我說：「去年上海房價上漲很快，附近社區均價已經五萬多元了。」

爸爸聽完我的解釋，鬆口說：「那最多漲五十萬元。」

我竟無言以對，不知道該怎樣讓爸爸相信。

爸爸並不了解上海房價的行情，但他內心十分篤定「最多漲五十萬元」的結論。不管我說什麼，他都沒有聽進去。他是根據自己的認知得出的結論；他相信自己的認知，卻不相信我給出的事實。而且，每次回家，他都會問我同樣的幾個問題：「你買的房子離上海市中心多遠？」「房子漲了多少？」同樣的話我說了好幾遍，他完全沒有聽進去。

仔細想想，我又何嘗不是這樣？我是五十步笑百步。當別人跟我分享超出我認知範圍的事實，我也會選擇忽略，或者根據自己的認知，在心裡認為對方講的不可能是事實。

我們所看見的世界，並不一定是真實的世界，是我們認為的真實世界。

§

成甲在《精準學習》裡提到學習的「紅燈思維」和「綠燈思維」，我才意識到，我一直是用「紅燈思維」在學習。遇到自己不認可或者不熟悉的觀點和建議，我會直接遮蔽，潛意識裡產生抗拒，直接拒絕這些觀點。因此，那些新的觀點，從一隻耳朵進來，又從另一隻耳朵出去，根本沒有進入我的大腦，更沒有用理性思維去分析。

這其實是習慣性防衛在作祟。習慣性防衛是一種常見的心理學現象。當我們遇到與過去認知不一致的新觀點時，就會觸發我們的習慣性防衛。比如，當我們意識到自己的觀點或尊嚴受到挑戰時，第一反應是：你憑什麼反對我？我要和你爭辯到底！這時候，習慣性防衛就產生了。

我們之所以會有習慣性防衛，其中一個原因是我們會把別人對我們觀點的質疑，理解為對我們自身的否定。我們常常不自覺地把「我」和「我的觀點和行為」綁定在一起。否定「我的觀點」，就是否認「我」這個人，為了避免自尊心受到打擊，我們奮起而戰。

要改變這種狀況，先要認識到「我的觀點和行為」並不等同於「我」。「我」的成長來自「我的觀點和行為」的改進和提升。當別人對「我的觀點和行為」提出意見時，正是讓我們獲得成長和提升的機會。

怎樣減少習慣性防衛帶來的不利影響？方式之一是建立綠燈思維。

在這裡需要先區分紅燈思維和綠燈思維。

紅燈思維是指，遇到與自己不一致的觀點，第一反應是：找理由反駁。

綠燈思維是指，遇到新觀點或不同的意見時，第一反應是：這個觀點一定有用，我應該怎麼運用在自己身上？

新媒體經營老手楊坤龍就擁有典型的綠燈思維。他說，無論我學什麼，我都跟自己說，這個方法一定能用在我身上。因此他不管學了什麼都能加以實踐。他以這種思維在新媒體經營領域脫穎而出，短短幾年就成為新媒體經營的專家。

但如果你一直用紅燈思維來學習，聽再多課，看再多書，又有什麼用？你的習慣性防衛直接把這些新觀點、新知識擋在外面。所以，要提升學習效能，第一步就是要覺察自己的習慣性防衛。

綠燈思維其實和我們常說的「開放的心態」類似。記得畢業找工作時，聽了不少企業高層主管的分享，他們都強調「在職場中，開放的心態很重要」。我當時以為自己聽懂了，「嗯，對的，開放的心態很重要。」回想當時的場景，我肯定是一邊聽，一邊點頭，一邊在筆記本上記錄。

但我真的懂了嗎？什麼是開放的心態？

當我覺察到一直生活在自己構建的圍牆裡時，我意識到自己並沒有開放的心態。

如果有開放的心態，在接收到一個新事物時，先不要著急評判，用「YES, AND」的思維方式，對自己說，嗯，這個方法很不錯，然後思考該怎麼用在自己身上，而不是直接說：「NO! 這個方法對我一點用也沒有，白白浪費了我的時間。」

有「開放心態」的人，當別人講的超出他們認知範圍，會先接收，然後去調查、研究並證實真實性。如果是真實的，就納入自己的認知體系。只有把心態放開，敞開胸懷，打開自己的城門，那些新鮮的、與你認知不同的事物才能走進你的圍城。

對有些人來說，認識真實的世界很重要，然而有些人寧願活在自己建構的幻想世界裡。

如果沒有建立綠燈思維，你看的書、聽的課裡講的那些道理，都沒有真正進入你的世界。你不相信，更不會去實踐，那些知識對你而言，不會發生任何作用。

因此，看了這麼多書，聽了這麼多講座，還是老樣子，變化微乎其微。

如果想要獲得成長，要先從底層打通自己的學習心態，建立綠燈思維。建立綠燈思維的第一步是覺察到自己的習慣性防衛，最可怕的就是你有習慣性防衛而不自知。真正的成長是從內而外的自我突破，每次思維升級都相當於一次重生。從紅燈思維升級為綠燈思維，相當於學習思維的重生。

成長，像死亡一樣痛苦，也和死亡的本質一樣，意味著舊事物的消失，新事物的誕生。接受它，直面它。然後，我們可以不斷升級，成長為自己期待的樣子。

每天十分鐘，輕鬆提高深度思考的能力

哲學家羅素有這樣一句名言：「很多人寧願死也不願思考。」美團網的執行長王興也曾說過類似的話：「多數人為了逃避真正的思考，願意做任何事。」

觀察我們周圍，確實發現能夠深度思考的人少之又少。大多數人人云亦云，或聽信於權威。

一個受到高度關注的事件發生後，有些人常會覺得迷惑和茫然，閱讀A的文章，覺得他的觀點很有道理，閱讀B的觀點也覺得很有道理。可問題是，A和B的觀點竟然相反，而他們卻完全不知道該如何來判斷和思考。

職場中，核心競爭力是什麼？深入思考的能力是其中之一。但大多數人逃避思考。他們帶著榆木腦袋面對工作，老闆吩咐做什麼，只是照做，而不去思考原因。很多人甚至連老闆吩咐的事情都做不好。相反地，一個有深入思考能力的人，能夠提出老闆沒有想到的方案，自然也就能在職場中脫穎而出。

不動腦，人就不會成長。但我們在學校裡幾乎沒有進行思考訓練，寫作文是最接近「深入思考」的練習。可惜，作文是很多學生最頭疼的事，連帶讓思考也變得費力。

生活是由一個個選擇構成的，每個選擇背後都與思考相關。一定程度上，一個人的思考品質決定了生活品質。

§

提升思考能力，首推寫作。長期寫作的人，獨立思考能力和邏輯表達能力都不會差。寫作可以迫使思考，因為任何文字一定程度上都是思考的結晶。寫得愈多，思想會愈鋒利。

但大多數人對寫作存在一種莫名的恐懼感。讓他練習寫作，比登天還難。

有沒有什麼方法可以輕鬆提高深度思考的能力？這裡介紹兩種隨時隨地能練習、簡單易上手的方法。

一、自由書寫

如果你害怕寫作，可以試試自由書寫。針對眼前的問題，以最快的速度寫出來，心裡想什麼就寫什麼，不需要去管寫得好不好、用詞是否正確。

比如，你可以這樣開頭：我為什麼想要練習寫作？然後你心裡想到什麼，就寫下來。比如，我想要練習寫作，因為我想用寫作記錄生活，寫下自己的所想、所思、所聞、所見。我害怕時光流逝，除了皺紋什麼也沒留下。另外，我想鍛煉思考能力，寫作可以迫使思考……就這樣無拘無束，自由地書寫。把腦海中的聲音一一寫下來。

你也可以用自由寫作來梳理工作上的問題。比如，你被上司罵了，你可以這樣寫：今天我被上司罵了。上司為什麼要罵我？可能他今天心情不好，生理期來了。開什麼玩笑，老闆是個男的。應該是我今天事情沒做好，沒有達到老闆的期待……

給自己定時十分鐘，在這十分鐘內，不要停，快速地寫。寫著寫著，你不僅能把自己寫明白，還能找到解決困難的方法。

自由書寫，顧名思義，是一種幾乎沒有約束的書寫方式。自由書寫有什麼規則嗎？以下規則其實是幫助你掙脫日常寫作的束縛，更加自由地書寫。

不停地寫，快速地寫。不要停下來重讀，也不要暫停。

不要刪除。即使寫出來的不是你原本打算寫的東西，也不要刪除，隨它去。

別擔心錯別字、標點符號和文法。

寫出內心深處的真實想法。

每當你遇到問題時，都可以用自由寫作的方式，寫下內心深處的想法。

我是一個只有不斷寫才能想清楚的人，自由寫作的方式就很適合我。

如果你一天能抽出十分鐘，用自由寫作的方式梳理自己的思緒，長此以往，你的思考能力就會得到提升。

如果你無法抽出連續的十分鐘，可以試試一分鐘快速思考的方式。

二、A4紙腦力激盪

A4紙腦力激盪的方式是受到《零秒思考力》的作者赤羽雄二的啟發。

A4紙腦力激盪與「自由書寫」有一些類似的地方，也是快速將腦海中的想法在A4紙上一個個寫下來的過程。寫的時候不能花時間慢慢寫，一張A4紙要在一分鐘之內快速寫完。

將一張A4紙橫放在面前，每張紙寫一個主題，一張寫四至六行，每行十至二十字，寫每張紙所用的時間要控制在一分鐘以內，每天寫十張，也就是每天花十分鐘的時間。

一旦堅持做三個星期到一個月時間，看到問題，立馬就能想到解決方案。如果再堅持幾個月，那麼就能做到瞬間從宏觀角度看待問題，逐漸接近赤羽雄二所說的「零秒思考力」的境界。

要如何具體寫A4紙腦力激盪呢？

先寫下標題。標題可以是任何困擾你的事情，或者腦海中浮現的任何問題。

比如，關於工作，你可以寫：如何提升工作效率？如何準備下一次會議的內容？怎樣才能改善和其他部門的交流？為什麼我的工作總是被打斷？

關於未來規劃，可以寫：自己到底想做什麼？自己真正擅長的是什麼？自己適合哪個領域？如何規劃未來的藍圖？

寫完標題之後，就是寫正文的內容。正文寫四至六行，每行最好十至二十字。寫的時候怎麼想就怎麼寫，不用做過多考慮，把自己最原始的感受寫下來即可，不用想得很複雜。此外，像自由書寫一樣，不需要考慮遣詞造句、標點、格式等。

舉個例子：

如何縮短會議時間？

・會議前梳理會議大綱，事前通知，讓與會人員了解會議內容。
・有明確的會議主題，離題時及時制止。
・督促每個人發言要抓住重點。

．在白板上整理討論內容，避免重複。

每次只用一分鐘，每天十分鐘，就像讓大腦做體操。每天健身，可以鍛煉身體的肌肉，每天練習A4紙腦力激盪，可以鍛煉大腦。

A4紙腦力激盪的優勢：

一、隨時記錄靈感

可以隨時隨地用這種方式進行練習。大腦出現任何想法，都可以立刻寫下來。有時候不將大腦中的想法寫下來，會分散注意力，不如花一分鐘的時間把想法寫下來，然後繼續做手頭的事情。這樣既不耽誤事情，又可以隨時記錄想法。

二、深入思考，而不是流於表面

遇到任何事情問自己三個「為什麼」，用一張A4紙來回答每個為什麼。透過不斷問自己「為什麼」，深入挖掘，探求真相。

不斷問自己：「為什麼是這樣？」、「為什麼會發生這樣的事情？」、「為什麼我要做這件事？」

透過不斷自問「為什麼」，挖掘內心深處的想法，也是迫使自己思考，做出獨立的判斷。這也是提升「分析能力」的過程。長此以往，思考能力必然會得到提升。

§

自由書寫和A4紙腦力激盪的方法，除了可以鍛煉思考能力，還能疏通情緒。

人的大腦與內心是無法分離的，內心混亂，大腦也無法好好工作。因此，遇到讓你情緒波動的事情，不如停下來，花一分鐘，把事情寫下來，分析一下自己為什麼會產生這樣的情緒。比如遇到一件讓你生氣的事情，你可以拿出一張紙，寫下「我為什麼生氣？」，然後寫下讓自己生氣的原因。等你寫完，內心就會平靜很多。

舉個例子，我前幾天去銀行辦理業務，因無法在機器上操作，必須在櫃檯辦理，結果足足等了一個小時。回到辦公室，我怒火中燒，就用了A4紙腦力激盪的方式寫下生氣的原因。

為什麼此刻我如此生氣？

・本來以為最多二十多分鐘就能搞定，沒想到等了一個小時。浪費時間，簡直是在謀財害命。

- 在等待的時候，我不知道該幹什麼，看著時間白白浪費，內心很焦急。
- 耽誤了原先的計畫，所以很生氣。
- 沒有B計畫，沒能好好利用等待的時間。

等我把這些原因寫出來，就沒那麼生氣了。我發現，其實我是在生自己的氣。因為沒有利用好等待的時間，看著時間白白浪費，才會如此生氣。因此，下次再去辦理類似的業務，要有B計畫，有計畫地利用等待的時間。

「自由書寫」和「A4紙腦力激盪」的方式簡單易上手，所用工具只需紙筆即可，效果卻很好。

每天練習十分鐘，持續練習，長期堅持，你的思考能力就會得到提升。

不明白這些道理，你以為的「投資」其實是「浪費」

週六上午，我整理了書架。才一年的時間，書架已經塞得滿滿的，不能再放下任何新書。

買書如山倒，讀書如抽絲。看著那一本本未拆封的書，我對先生說：「近期不能再買書了，我要把以前買的書先看完。」那些未拆封的書，並不是因為它們的價值不高，相反的，都是一本本經過三思之後購買的經典書：《快思慢想》、《賈伯斯傳》等。這些經典，靜靜地躺在書架上，等待我的翻閱。

到了晚上，看到網路書店促銷，不禁又心動了，買兩百送一百，好實惠，我情不自禁，又將一些書放入了購物車。有一種「剁手」叫作囤書。

我家先生極力反對，他說：「你看看書架上，你買的那些書，你看了嗎？」

面對他的質疑，我說：「我買書是為了投資自己。投資自己是最好的投資。」

先生說：「你這哪裡是投資？書買了不看，還不是在浪費！」

我想起每次買書的時候很興奮，彷彿買了書，書裡的知識立馬就到了大腦裡。買回來，撕掉包裝紙，隨手放在書架，然後就沒有然後了。過幾天，甚至忘了自己買過這本書。買書的確是投資自己，但關鍵是買完書你要看啊。

§

我們都知道花出去的錢分為三種：消費、投資、浪費。

消費指的是購買食品、日用品等商品，付出一定數量的金錢，換回相應價值的商品。投資是指在支出一定數額的金錢以後，雖說不能立刻獲利，但會為將來帶來某種利益。浪費是指想怎麼花就怎麼花。這樣的支出不僅無法讓自己立刻獲益，在將來也不會帶來什麼價值。

我們當然希望把金錢更多的用在「投資」上。

有些小白，剛看了幾本理財的書，還沒有去分析自己的風險承受能力，就一股腦投入股市，美其名曰：「我這是在投資。」

結果，一不了解股市，二盲目跟隨市場，這些小白就像韭菜一樣，割了一批，再來一批。殊不知，其實他們根本不是投資，只是在投機。最怕那種，實際上在投機，卻認為自己在投資的人。

很多人說，投資股市，不如投資自己。這句話確實是很有道理。可很多情況下，你自以為是在「投資」，其實只是在「浪費」罷了。

§

買書，是投資還是浪費？

每逢網路商店促銷活動，有一類剁手黨，他們瘋狂囤書，在促銷時買回來一堆書。很興奮，彷彿那些知識已經輸入到了大腦。可是，書買回來之後就堆在書架上，過了一年都沒有拆封，還是忍不住去囤書，那些經典書籍，落寞地待在書架上，等待主人的到來。

我想，大部分人肯定認為買書是投資。我自己每次買書，都是這樣的理由：買書是為了提升自己，這是投資自己啊。

如果你每看完一本書，都能有扎實的收穫，如果你不僅理解書中的觀點，還能實踐書中的方法，那麼，書是最好的投資。可是，現實中的你，且不說那些放在書架從未拆封的書，即使是你匆匆看完一本書，一知半解，或者還停留在理解的層面，從來不去實踐書中的方法，你看了一本又一本書，自己的生活卻幾乎沒有好的改變。

書架上那些從未拆封的書，那些被匆匆翻閱的書，也許只是一種浪費。不僅花在買書上的錢是浪費，看書花費的時間也是一種浪費。本來，你可以把這些時間花在實踐上，扎扎實實提升自己的技能，而你卻滿足於不斷看書，從來不實踐。

§

參加工作坊，是投資還是浪費？

同樣，很多人參加一個又一個工作坊，學完之後也不去實踐，一股腦兒還給了老師，然後，又去參加新的工作坊。如果，你從來不去消化吸收和實踐，那麼，聽再多課對你也沒什麼改變。如果不去實踐，聽再多課，你還是老樣子。

工作坊可比買書的投入大多了。一本書也就幾百元，一個工作坊，可是動輒成千上萬元的。

你好不容易說服自己，這是在「投資」，可是，這也許只是在「浪費」而已。

想要真正發揮工作坊的作用，還是需要實踐和行動。

§

健身，是投資還是浪費？

有不少人，想到健身，就先想到去健身房辦一張會員卡。彷彿辦了會員卡，身材就自然變好了，就擁有八塊腹肌了。

我認識一位朋友，辦了四張健身房的會員卡，可是一年去健身房的次數卻是屈指可數。健身房就是靠那些自以為會去健身房，實際上辦了卡之後，去了一兩次就不去的人盈利的。

辦會員卡，想要鍛煉，這行為看起來的確是投資，可是，用幾千塊錢辦了卡，就去一兩次，那這筆投資，只能算是浪費了。

這些，表面上看起來是投資實際上是浪費的行為，最容易被人們忽略。人們被其表象蒙蔽，以為自己真的是在投資，其實不過是在浪費罷了。更可怕的是，人們錯把「浪費」行為當作「投資」行為，洋洋得意，渾然不覺。

這個浪費，不僅僅是金錢上的浪費，**更可怕的是時間上的浪費。時間也可以分投資、消費、浪費這三種。**

投資類時間，是對目標產生實際幫助的時間。比如，你背英語單字花費一小時，這對目標有實際幫助，則這一小時屬於投資時間。

消費類時間，是對目標無幫助又必須做的事情所花費的時間。比如：睡覺、做家事、吃飯、洗澡、上廁所、上下班走路等，對目標無幫助的都歸為消費時間。

浪費時間，即非必須沒有實際幫助的時間。

在時間的花費上，有一些看似是在「投資」的時間，其實是在「浪費」；而有些看似是「浪費」的時間，實則是在「投資」。

比如，一邊聽課，一邊玩手機，以為自己能夠一心二用，其實什麼都沒學進去。很多人之所以覺得讀大學沒用，其實只怪自己沒有認真學習。他以為自己上大學是在「投資」，其實，只不過是「浪費」了大學四年的時光，最後還抱怨上大學沒用。

而有些看似「浪費」的時間，比如，琪兒喜歡畫畫，她爸媽卻覺得這是在浪費時間，還不如好好學習，提升成績。而多年後，畫畫卻成了她的立身之本，為她帶來收入和名氣。

最可怕的是，明明是在「浪費」，卻自欺欺人說自己是在「投資」，以至於沒有真正用心投資金錢和時間來提升自己，而一直都是原來的老樣子。

下次，陷入「投資自己」的自我催眠時，想一想，這是真正的「投資」，還是自欺欺人的「浪費」罷了。

可怕的不是階級複製，而是因此放棄了努力

五一長假回老家，聽朋友講起他的親戚，讓我覺得很痛心。

朋友的親戚一直生活在赤貧的狀態。本該是家中支柱的父親患病二十多年，全靠母親一個人打零工養家糊口。他們有一兒一女，兒子從小學習成績非常好，初中以全校第一的成績考入縣城最好的高中。高中時，爸爸患病，不知是否因此受到影響，學習成績一落千丈，勉強考上了一個中等的大學。

他在二〇〇〇年左右念大學，那時候大學剛開始擴招，在偏遠的小山村能出一位大學生，是非常難得的事。女兒後來也考上了大學。當年，村裡都特別佩服他母親，誇她培養了兩個大學生。

大學畢業之後，兒子一直沒有找到穩定的工作，有幾年賦閒在家啃老，有幾年出去工作，如今又待在家裡無所事事。已經三十多歲了，還要靠六十多歲的母親打零工維持生計。

如今，母親在村裡總抬不起頭，當村裡人說起她培養了兩個大學生，已經是帶著嘲諷的語氣。

朋友說，與他交談，常聽到他抱怨家庭，抱怨父母沒有給他創造良好的條件。

聽完朋友的講述，我非常痛心。我想不明白，為什麼他會陷入這樣的狀況？難道是因為階級複製？

為此，我特地去看了《窮人的經濟學》（*Poor Economics: A Radical Rethinking of the Way to Fight Global Poverty*）這本書，企圖尋找貧窮的原因。但這本書並沒有給我太多啟發。

然後，我又重讀了之前在天涯論壇很火的帖子〈寒門再難出貴子〉。

§

在我自己的寫作群裡，借著「每日一問」，我提了這樣的問題：「你如何看待『寒門再難出貴子』？」

群裡的余老師說，出現這種現象最根本的原因是時代改變了，經濟基礎已經開始決定上層建築了。

小歸認為，寒門不出貴子的原因出在思考方式的問題上，其實一個人的能力靠的是後天的自我培養。一個人能不能富貴，和出身沒有任何關係，是環境、心態、讀書等綜合因素決定的。

淺葉說：「我覺得這個問題討論的前提就是到底什麼才算是貴子？童年是很重要的，但是你能夠覺察到的話其實就可以走出來。」

黃志博說：「拿破崙．希爾曾經說過，人生的輝煌始於觀念的轉變。『觀』就是一個人的看法，『念』就是一個人的想法，你有什麼樣的看法就會有什麼樣的想法，你有什麼樣的想法就會付出什麼樣的行動。」

晨知行總結道：「如果把王健林、馬雲之輩當成貴子的話，當然難出貴子。如果比父輩們社會地位稍微高一點，那還是有很多貴子的。」

每個人的經歷不同，看待同一個問題會有不同的見解。總體上，大家還是認為透過自己的努力，可以過著相對滿意的生活。

§

很多人在討論階級複製，認為底層的人很難上升到精英階層。

BBC紀錄片《56UP》記錄了十四個孩子的五十六年不同人生，從七歲開始，每七年記錄一次，直到五十六歲。紀錄片中來自貧民的孩子中，只有尼古拉斯透過努力學習跨越了階級，從中產階級跨入精英階級。

最近有齣很紅的電視劇《人民的名義》，網友說，應該叫作中國版《繼承者們》。銀行行長的老公是市委書記；反貪處長的媽是退休處長、姨夫是省政法書記；反貪局長的爹是老檢察長；反貪局長的上司以前是反貪局長的爹的上司，反貪局長的爹從小看著省委書記長大！

農村出生的祁同偉的仕途比起陳海和侯亮平要曲折很多。他出身貧寒，家徒四壁，在上大學前就沒吃過一頓飽飯。這樣的出身讓他要付出比別人多幾倍的努力，才能獲得想要的東西。在遭受各種挫折後，祁同偉徹底向權力屈服，走上了對權力金錢無限貪婪的道路。

這是電視劇中的情節，那現實情況如何呢？

高中的時候，我全副心思只關注學習成績，幾乎沒有在意身邊同學的家庭背景。大學畢業才發現，當年的那些同學，畢業後的差距不是一般的大。

高一的同桌，她爸爸是某銀行的行長，媽媽也是銀行系統的高階主管。她大學畢業去國外留學，回國直接是上海某銀行的培訓幹部。

一位高中同學，爸媽經商，大學畢業後，在父母的安排下在杭州某銀行工作，大學畢業就買了房子和車子，房子全款付清，生活毫無壓力。

還有一些家裡經商的同學，大學畢業之後就在家族的企業裡工作，未來可以「子承父業」。

有些同學，大學畢業後，靠自己在城市打拚，換了好幾份工作，在社會上屢屢碰壁，頭破血流。

即使有些同學在大城市工作，薪水不錯，但想要在一線城市買房，沒有父母的幫忙，要自己賺錢付頭期款、還貸款，壓力還是很大。

出身寒門的人，在城市立足太難了。

§

毫無疑問，家庭環境對於一個人的影響確實巨大。如果出生在家境優渥的家庭，確實非常幸運。

梁啟超的九個孩子個個都是精英：一門三院士，九子皆才俊。高曉松全家都是學霸，幾乎全是清華大學畢業，碩士文憑在他家相當於文盲。錢鍾書和楊絳先生也都是名門之後。

可是，我們來到這個世界，出生於什麼家庭並非由我們決定，我們只有被動接受的份。

透過自身的努力，突破所在階層的人也不少。即使是在同一個家庭成長的兄弟姐妹，長大後也會有完全不同的人生。

我的二姨有三個孩子，兩個女兒、一個兒子。按道理，三個孩子出生於同樣的家庭環境，長大後的境況也不會相差太大。

兩個女兒過著很普通的日子，嫁給了鄰村的男人，在農村生活。但她的兒子從小學習成績很好，一路從農村考上了北大，在一九九〇年代就去了美國，如今定居在美國，娶了上海姑娘，生了三個兒子。

知名網路創作平台「簡書」的第一奇人V先生，是我非常敬佩的人。他曾在文章中坦言，他出生於農村，父母是文盲，但這並不阻礙他博覽群書，一路從農村來到上海，並成為很多人的榜樣。

家庭對人的影響當然很重要。我們每個人身上都繼承了父母的優點，也繼承了他們的缺點。比如，我繼承了父親的吃苦耐勞、堅韌不拔，而父親的固執、故步自封，也在我身上有所體現。

但人一生的際遇很難說，你依然有選擇的自由，環境並不能決定一個人。

人的命運發生轉機，是在覺醒之際；就在他意識到要為自己的人生負責，自己有選擇的自由，可以選擇自己想要的人生。

學習依然是改變命運的方式。這裡所說的學習不僅僅是學習課本的知識、考上大學，而是將學習到的知識真正地加以實踐。

現代管理專家和管理大師彼得·杜拉克（Peter Drucker）認為，經濟體系中最重要的生產要素是知識。中國比特幣首富李笑來認為，我們已經到了知識兌換財富的節點上了。我身邊有不少從事內容創業的朋友，靠著創作收入擺脫了階級複製，達到了財富自由。

寒門再難出貴子，你相信嗎？

當你相信，也許你就會放棄努力，把自己的不成功歸咎到家庭。

如果你不信，你也可以透過自身的努力改變自己的命運。

其實，這反映了你是如何看待這個世界，如何看待未來。這是非常底層的一個信念，無論你相信與否，最終都會證明自己所相信的，也就是心理學上的自證預言。

相信的人，會抱怨命運不濟；不相信的人，會奮起改變自己的命運。

對我而言，我一直都認為，人生的命運掌握在自己手裡。我從八歲就意識到了這一點。八歲上學的第一天，我就知道，只有透過學習才能改變我的命運。這些年，一路從農村來到城市，我在一定程度上改變了自己的命運。

雖然說寒門出貴子的機率很小，但你完全可以是那位跨越階級的人。像我大學時，和一位同學談到大學生找工作難的問題。她說：「大學生找工作難跟我有什麼關係？反正我找工作不難。」寒門是否難出貴子，與你也沒什麼關係，你依然可以透過不斷奮進，過上自己想要的生活。

每個人都有選擇的自由，你內心渴望什麼，就會為此執著，父母或家世、任何身外之物終究無法阻擋你的行動。我們最終得到的，是自己選擇的結果。

可怕的不是階級複製，而是你內心的絕望和無力感；可怕的是你以階級複製為理由，放棄了自身的努力和奮鬥。

即使人生可以重來，你還是老樣子

春節後，公司發起「神祕午餐」活動，因員工眾多，同事間互不認識，也不了解彼此的部門和職務，透過午餐可增進感情，熟悉不同部門業務，增強部門間的合作。

在「神祕午餐」系統裡填寫電子信箱，系統會隨機匹配一位同事，透過共進午餐，了解彼此的工作內容，也順便聊聊彼此的生活。

我在系統裡註冊好資訊，兩個星期後迎來了第一位「神祕飯友」。

我們步行至公司附近的商場，找了一家餐館，坐下點餐，然後開始聊天。

坐在我面前的他，小眼睛，稀疏的頭髮，薄薄的嘴唇不停地上下開合著。我聽著他介紹他所在的部門、工作職責、他與上一位「神祕飯友」的交談內容。他是一位硬體設計工程師，跟我說一些技術上的話題。我聽得有些走神。

他說這些年來所有的青春都奉獻給工作，到頭來卻有種竹籃打水一場空的感覺。

我聽著聽著，突然有一種感覺，他未婚。

當然不好直接詢問如此隱私的問題。剛好聊到吃飯的話題，他說早餐和午餐都在員工餐廳吃，我順口問：「晚飯你自己做嗎？」

他說：「不，我媽媽做。術業有專攻，我不太會做飯。」證實了他未婚。

他繼續嘮嘮叨叨地說著，年齡大了，身體也不好了。

我上下打量，覺得他應該在四十歲左右。

他讓我猜測年齡：「你猜我幾歲？」

這樣的問題，當然不方便直接回答，說年輕了，違背內心；說老了，人家不開心。

我說：「我猜不出來，你說吧。」

他說：「我今年四十三歲了。」

我說：「四十三歲一點也不老啊。川普快七十了，還去競選總統呢。」

他說：「這不一樣，人與人不一樣。」

「哪裡不一樣，不都是人嗎？」這句話，我沒有說出口。

是的，人和人確實不一樣，尤其對於年齡這件事上。他認為四十多歲，人生已經沒什麼可能性了，而我覺得四十多歲，應該是人生的黃金時期。

好不容易從無聊的技術話題逃脫出來，我尋思著找些有趣的話題。

我說：「如果人生可以重來，讓你回到二十多歲的年齡，你最後悔沒做的三件事是什麼？」

顯然，他被我的問題吸引了。他想了一會兒，說：「第一，買房。」

我和他同時大笑起來。

「確實是。二十年前買房，到現在不知道漲了多少倍。」我說。

「第二件事，學車。」

這點讓我很意外。他說自己身體不太好，最近去考駕照，身體檢查時，聽力不過關。早知道，該趁著年輕去學車的。

還沒有說到第三件事，他開始絮絮叨叨說今年有二十多天的假期，下週開始準備連休十一天，但還沒有想好該去哪裡。又說最近有位同事向他借錢，在糾結是否要借給他。公司併購，自己在邊緣部門，不知道會不會被裁員。

有一瞬間，我發現自己走神了，他的臉變得模糊，只見兩片嘴唇不停地開合，他具體說了什麼，我卻聽不清楚。

我把心思拉回現場，繼續聽他嘮叨。

他還在絮絮叨叨地說著。我終於不耐煩，看看手機，已經一點多了，我找藉口：

「一會兒還有會議，要不我們回去吧。」

他忙說：「不好意思，沒想到自己說了一個多小時。」

我說：「沒事，認識你很高興。」

在回公司的路上，我問他，剛才說的三件事，你還沒有說第三件呢。

他說：「第三件，我一時想不起來。」

我說：「剛才不是說到向喜歡的女孩表白嗎？這件不算嗎？」

他說：「那就這件吧。」

我再問：「那這些年，有沒有哪些事讓你覺得很有意義、人生沒有白活？」

他回答：「在不同公司工作。職業生涯，換了九家公司，國營企業、民營企業、小公司、大公司，都經歷過；與不同國家的人合作過，美國人、英國人、荷蘭人、法國人、印度人、墨西哥人、中國人。這些年的工作，領教了人心的複雜多變，覺得這樣的經歷非常值得。」

這倒是，每個公司都是個江湖。有人的地方就有江湖，有江湖的地方就有紛爭。

他問我：「你是什麼星座？」

我說：「白羊座。你呢？」

他說：「你猜。」

我在心裡默想：大哥，我不是占卜的巫婆啊，我怎麼猜得到。

他說：「我是處女座。」

哦，萬惡的處女座。這麼說來，我是與一位四十多歲的老處男共進午餐了。

在這乍暖還寒的時節，寒風催促著我們的腳步。走近公司樓前，一陣冷風吹來，遇見熟悉的同事，只能點頭問好，怕一張口，寒風灌入。

刷卡進門，上電梯，彼此說聲再見。他轉身告別，我說：「以後有機會再約。」

回到辦公桌前，敲下這段文字。突然覺得，即使人生能夠重來，他的日子也許並不會有太大的變化，依然會是眼前的老樣子。

同時，我也陷入沉思，如果時光倒回到十年前，我最後悔的事情是什麼？

十年前，是二〇〇七年，這個時節，我正在為準備大學考試全力以赴。另外，又在心裡偷偷暗戀著某位男生。如果，時光可以倒流，我不會選擇在高三的時候早戀，也許我的考試成績不至於「發揮失常」。當年，我何嘗不知道早戀會影響成績，依然心存僥倖，覺得自己會是例外。人就是如此盲目自信。

或許，我後悔大考結束後選擇去北方的三線城市上學，我該選擇北京、上海、廣州這樣的一線城市。研究所期間，去ＩＢＭ實習，一同實習的有不少是大學生，那時候我就感慨自己大四的時候完全沒有實習的想法，身邊也沒有出去實習的同學。一線城市的學生，眼界就是不一樣。但當年，剛滿十八歲的我，哪裡會想到選擇去哪個城市上學甚至比選擇哪個大學、學什麼專業更加重要。

又或許，我後悔，大學的四年只為了應付考試而學習，沒有靜下心來，多看一些書，也沒有去尋找自己感興趣的領域。有一位令我非常敬佩的朋友，在大學期間，看了幾千本書，每到週末就背著書包，帶著饅頭和水，去城市的各個書店和圖書館，一看就是一整天。他在大學期間，扎扎實實地看書，為以後打下了夯實的基礎。可是，當年的我哪有這樣的覺悟？

所以說，即使人生可以重來，如果自己的性格、閱歷、思維模式沒有變，所做出的選擇也不會變。

如果回到十年前，你會做出怎樣的選擇？也許那些讓你後悔死了的事，就算時光倒流，你依然會做出和當初一模一樣的選擇。**因為你這個人沒有變，即使有再多的機會，依然會是原來的軌跡。**

人生，終究是一條沒有回程的單行道，只能一路向前。過去的時光，縱然追悔莫及，已無濟於事。但是，我們可以透過回憶過去的經歷，總結過去的錯誤，創造更好的未來。

身為女性，你是否習慣性低估自己？

籌辦寫作訓練營時，有位學員的文采出眾，畢業典禮時，邀請她來分享。她忙著拒絕：「我寫得太差了，我的聲音不好聽，我從來沒有分享過，我怕講不好……」

她用一個個理由，拒絕了我的邀請。其實，她只是在說服自己：我不行，我做不到。但事實上，她是寫作訓練營中最出色的學員之一，而她卻因為自我評價過低拒絕了這個機會。

儘管我再次誠懇邀請她、鼓勵她，她還是拒絕了。看著她的行為，我想到自己。我又何嘗不是如此？

曾有不少讀者在文章後留言說，我的文章帶給她力量，溫暖了她、感動了她、治癒了她；或是在閱讀了我的文章之後，自己也開始動筆，甚至愛上寫作，很感謝我。

有時參加線下活動，遇到讀者，他們會說：「經常在簡書首頁看到你的文章，很喜歡你的作品。」我每次都會不好意思，而且會有一種錯覺，覺得自己是騙子，欺騙了他們，只是他們還沒有發現罷了。

在內心深處，認為自己的文章不值得被誇獎。

§

女性常常會自我評價過低。即使是全世界最具影響力的女性之一雪柔・桑德伯格（Sheryl Sandberg）也會自我評價過低。她在自己的書《挺身而進》（*Lean In: Women, Work and the Will to Lead*）中描述了女性自我評價過低的情形：很多人，尤其是女人，當她們所取得的成績被人稱讚時，會感覺那些稱讚是騙取來的。她們常常感到自己不值得受到認可，不配得到稱讚，並心存負疚，就好像犯了什麼錯。即便那些在自己的領域成就斐然，甚至已是專家級別的女性，她們仍然擺脫不了這樣一種感覺：我是一個騙子。

對女性來說，「感覺像個騙子」是一個更嚴重的問題：我們始終在低估自己。

在書中，桑德伯格開玩笑地說：「我希望自己一天中能有那麼幾個小時，像我的弟弟或丈夫那樣自信滿滿，那種感覺一定很好，就像每天都能得A一樣。」

而我恰巧也有這樣的弟弟和老公，我們三人畢業於同一個學校、同一個科系。我也時常想，我要是能像弟弟或先生那樣自信滿滿，該多好啊。

先生非常自信，在我看來甚至有些自戀。

結婚之前，他從未下廚。婚後，在我的指導下，學會了番茄炒蛋。他端著剛起鍋的傑作，忍不住讚美自己：「我真是天才啊，太好吃了。」催促我快嘗嘗。我夾起的番茄還未入口，他笑著盯著我的眼睛，迫不及待地說：「很好吃吧！」他甚至都不問「好吃嗎？」而是非常自信地來了句：「很好吃吧！」

吃飯時，他一直讚美他的作品：「徐大廚一出手，就知有沒有。」

他沉浸在喜悅中，我被他感染，居然覺得他的番茄炒蛋確實比我做的好吃。

我有著十多年的廚齡，從未覺得哪道菜特別拿手，相反的，總覺得廚藝不精。當朋友來我家吃飯時，我總是很緊張，怕自己出醜。即便朋友誇讚，我也認為不過是客套話罷了。我多麼希望有一天，我能像先生那樣自信甚至自戀！

§

我並不孤獨，低估自己的女性隨處可見。

婉瓊是一家軟體公司的銷售總監。參加線下活動時，遇到她，那時我正在採訪五十位女性，書寫女性故事。趁著活動休息時間，我找到她，簡單說明來意。

她的第一反應是：「我沒什麼可採訪的。」

我說：「你在軟體公司做銷售總監，同時還是兩位孩子的母親，肯定有些故事可以分享。」

「我覺得這沒什麼值得誇耀的。」

我看著她，笑了，說：「你有看過桑德伯格的《挺身而進》嗎？」

「我看過呀，我很喜歡她。」

「我記得桑德伯格在書中說，女性總是習慣性自我評價過低。」

她聽完，笑著說：「也是，其實我做得很不錯，只是一直沒有自信。」

身為女性，我們經常習慣性低估自己。

研究表明，如果讓男性解釋自己成功的原因，他通常會歸因自己的天賦、才能、技巧，而女性面對同樣的評價，一般會歸因於外部因素，如運氣、別人的幫助或者非常努力的工作。

很多時候，女性會因為低估自己，不敢主動爭取機會，不敢要求升職加薪或者接受有挑戰的工作，總是害怕自己無法勝任。

缺乏自信會成為一種「自證預言」，正因為相信自己做不到，結果真的做不到。如果我們再自信一點，也許能做出更大的成就。

當機會降臨，習慣性退縮或拒絕時，你可以告訴自己：不管怎麼樣，先答應下

來，先去嘗試。也許嘗試之後會驚喜地發現，自己完全能夠勝任，並且做得很好。

俞敏洪曾說：「人一生有兩件事不能做，一是低估自己，二是低估別人。」很多時候，不是我們做不到，而是習慣性低估自己，因而錯失了很多機會。

作為女性，我們應該更加積極主動一些，主動爭取表現的機會，勇敢抓住機會，而不是在機會面前退縮。提升自己的期望值，我們值得更好的生活。

離開，就像重生一樣

「離開，就像重生一樣。」在陳文茜《我害怕成功》一書中看到張欣講的這句話，潸然淚下。

張欣是中國最有民間影響力的女企業家，SOHO集團的執行長。她十四歲經歷了文革，告別了父親，奔至香港投靠媽媽。抵港第二天即當起紡織廠女工，沒有抱怨，也沒有和別人比命運、比家世、比親情……

她捲起袖子當女工，唯一的願望是存夠了錢，離開這機械般的人生狀態，勇敢尋夢。當了五年生產線的女工，她買了一張單程機票，前往倫敦，找到半工半讀的機會，依靠自己，從劍橋大學畢業，然後直奔華爾街工作。

關於那一段艱辛的歲月，張欣回憶起來，只有一句話：「每天賣炸魚和薯條，晚上剩下包回家吃，現在再看了，就想吐。」

曾以為過去艱苦的歲月並未在她身上留下任何痕跡，想來，誰能把過去的歲月抹去？那些痕跡在她心裡，只是外人看不見罷了。

不向命運低頭，離開就好像重生了一樣。

§

在他人眼裡，我優雅而知性，看起來像出生於優渥的家庭。

其實，我的童年在七歲就結束了，當別人躺在媽媽的懷裡撒嬌，我卻早已承擔起家務，照顧弟弟、洗衣做飯，樣樣上手。

很小時，我就學會了做飯。為了省煤氣，週末在家時，通常用土灶做飯炒菜。

我常常會一邊做飯，一邊做夢。曾不止一次有這樣的想法：我不能和媽媽一樣，一輩子只待在一個地方。媽媽一輩子未出過縣城，活動範圍是村裡、鄰村、鎮上。她對外面的世界一無所知。我不想要這樣的生活。

媽媽一生的工作都是做手套，一雙手套幾毛錢。以前暑假時，她會讓我和姐姐跟著她做手套。她說，等以後畢業了，我們至少有一門手藝可以養活自己。在她的世界裡，過上像她那樣的生活，就是她對我和姐姐的期望。

我知道，那不可能是我想要的生活。

這種意識，在我八歲第一天上學時就萌發了。小小的我，站在大大的校園裡，下定決心，要好好學習。我知道，這是逃離當下生活狀態的唯一方式。如今回想起來，這個決定對我的人生影響深遠。

小時候，家裡一本童話故事書也沒有。那些安徒生童話、格林童話，都是向同學借的。過節去小姨家，大人們在打牌搓麻將，我一個人坐在一邊看童話故事，一看就是一整天。表哥有全套的童話故事，他很少看，我卻愛不釋手。

五年級時，鄰村的小學因為學生數量太少廢校了，我轉學到鎮上的小學。我參加了作文比賽、毛筆字比賽、鋼筆字比賽，還有奧林匹克數學競賽。在很短的時間，我成了副班長。

語文老師常常在語文課上朗讀我的作文。那是第一次，我發現自己的作文寫得還不錯。

非常巧合的是，她是我們三姐弟共同的語文老師。弟弟曾寫過一篇作文《我的姐姐》，寫的是我的故事，語文老師的評語是：要向姐姐學習。

我想，我至少給弟弟樹立了好的榜樣，讓他看到人生更多的可能性。後來，弟弟以全縣第三名的成績考上了浙江大學。

當你有改變的決心，環境並不會成為阻擋你成長的因素。雖然會艱難很多，但畢竟不是沒有希望。

人最怕的是沒有希望。有時確實很難超越家庭所處的階級，但並不是絕對沒有可能。有些人也許認為人無法改變自己的命運，因而放任自己。但我始終相信，人可以改變自己的命運，也一直在為此努力。

§

在任何時候，人都有自主選擇的權利。即使在最糟糕的狀況下，依然可以選擇自己想要的生活。

林清玄在《人生不怕轉彎》的序中寫道：「你的環境並不能決定你的未來，你的過程也不能決定你的未來，而是你的心的嚮往決定了你的未來。」

他小時候家裡很窮，可是他八歲的時候就立志將來要當一個成功、傑出、偉大的作家。他居住的地方，三百年來沒有出現過一個作家，一個小孩子突然想要當作家，沒有人相信，也沒有人認為可以成功。但他每天鼓舞自己。他寫道：「在人生最早萌芽的時候，你的堅持是非常重要的，這種堅持可以決定你的方向，決定你要往什麼地方走。」

有時候，你覺得被環境困住，其實是被自己的思維困住了。

我在成長的過程中，遇到了很多貴人的幫忙。但我最想感謝的，還是那個八歲的自己，以及那個小小的志向。

讀書給我第二生命，讓我能夠超越環境的限制，來到更廣闊的世界。閱讀，讓我不斷突破自我，同時也治癒了受傷的心靈。

即使你目前所處的環境很糟糕，你依然可以選擇透過自己的努力，離開它，不向命運低頭。離開，就好像重生了一樣。

當你最終離開了那樣的環境，回過頭來，你會感謝過去的經歷。就如朴樹的《No Fear In My Heart》唱的：「就讓我來次透徹心扉的痛，都拿走，讓我再次兩手空空。只有奄奄一息過，那個真正的我，他才能夠誕生。」

人生沒有白走的路，每一步都算數。你過去所受的苦，終將照亮你未來的路。

覺醒，什麼時候都不晚

你身邊是否有這樣的人？原本是渾渾噩噩的平庸之輩，突然間「覺醒」，人生就像開掛一樣，幾日不見，令人刮目相看。

我的朋友王超就是這樣一個人。用「頭好壯壯」來形容王超，再合適不過了。小學時，最愛打架，一言不合就用武力解決，是最讓老師頭疼的孩子。學習成績倒數，上課一副玩世不恭的模樣。初中時，突然開竅，彷彿變了一個人，半學期從倒數的成績衝到了班級前十名，從學渣逆襲成了學霸。

後來，他考上了省城一所全國排名前二十的大學。大學時成績優異，畢業時直升研究所，讀研究所期間，去澳洲留學，師從領域內最優秀的老師，如今已是一所學院的副教授。

《優秀的人，從來不輸給情緒》的作者劍聖喵大師，曾是一位沉迷網路、六科不及格、瀕臨退學的網癮少年。他因為機緣巧合，去輔導一位沉迷網路遊戲的中學輟學生，讓他突然意識到，沉迷網路、逃避社會帶給家庭的傷害和負擔。他決定離開網路遊戲，回歸現實世界。他用六年的時間，從網癮少年成為一名大學教授，如今更是一位網路紅人、自媒體意見領袖，他寫的文章感動了很多人。

他曾寫：「開始我想飛，卻沒有風；於是我想逃，卻沒有路；之後我想哭，卻沒有淚。最後我不顧一切衝向前，卻有了光。」這段話是他那六年的心聲，當他不再逃避，向前進時，開創了自己的一片天。

我們常常用「開竅」、「頓悟」、「覺醒」這樣的詞來形容這些突然之間發生轉變的人。當你覺醒，你將面臨一個嶄新的世界。在這個新的世界裡，彷彿一切都與從前不同。

§

覺醒，是意識到自己才是人生的主人，意識到人生有選擇的自由。

維克多．法蘭可（Viktor E. Frankl）發現了人類的這種終極自由。

二戰期間，他被關進納粹死亡營，遭遇極其悲慘，父母、妻子與兄弟都死於納粹魔掌。

身處囚室，漆黑的四壁讓他無比壓抑，恐懼、痛苦、悲傷無時無刻不在折磨著他。有一天，當他又一次赤身裸體躺在囚室地板上，頂部的天窗照進來一束光，無數的灰塵飄浮在那一道光線裡，上下跳躍，充滿活力，忽然間他意識到一種全新的感受。身處囚室的他感受到了自由，這種自由是納粹軍人永遠無法剝奪的。

在客觀環境上，他完全受制於人，但自我意識卻是獨立的，超脫於肉體束縛之外。他在腦海中想像獲釋後站在講台的場景，想像著把這一段在痛苦折磨中學到的寶貴教訓傳授給學生。

憑著想像與記憶，他不斷磨練自己的意志，直到心靈的自由超越了納粹的禁錮。這種超越也感召了其他的囚犯，甚至獄卒。他協助獄友在苦難中找到意義，尋回自尊。

處在最惡劣的環境中，法蘭可運用自我意識，發現了人有「選擇的自由」，這種自由是人類的終極自由，任何人都無法剝奪。

法蘭可的身體不自由，處於極端惡劣的環境中；他的心靈則是自由的，他選擇超越納粹的禁錮。

你是自己人生的主人。當你意識到「選擇的自由」，就是你覺醒的時候。從蒙昧中睜開雙眼，從泥濘中邁開雙腳，一旦你覺醒，再也無法裝睡。

§

「覺醒」是接納現狀，停止抱怨，從困境中甦醒，看見生命的不同可能。

力克．胡哲（Nick Vujicic）罹患「海豹肢症」，他一出生就沒有四肢，被人們稱為「海豹人」。這樣的人生，看起來似乎毫無希望。面對先天不足，他曾有過怨恨和沉淪，三次嘗試自殺。十歲那年，他第一次意識到一定要活下去。他告訴自己：再多撐一天、一個禮拜、一個月，再多撐一年。這一撐就是十多年。

如今，他過著無比精彩的人生，甚至比大多數四肢健康的人生命還要精彩。他在海邊衝浪，在世界各地演講，娶了漂亮的妻子，有了可愛的孩子……

他曾在五大洲超過二十五個國家舉辦一千五百多場演講，還根據自己的經歷寫成《人生不設限》一書，暢銷全球。他的下一個目標是影響五十八億人。

我曾在「在行」（編註：中國的知識技能共享網路平台）約見形象管理行家晉瑤。聊天時才發現她是一位勵志女神。

她患有罕見疾病，三十多年來一次次與腫瘤抗爭，每次手術之後就會留下疤痕。十幾歲時，她害怕別人看到自己的疤痕，甚至不敢出門。

經過多年的掙扎，有一天，她意識到此生註定要與腫瘤抗爭到底，那一道道疤痕已然成為身體的一部分。即便如此，自己依然有美的權利。她透過每日、每週、每月的練習學會了化妝，走出家門，開始參加各種社交活動。

如今，她是一位形象管理專家，在一家禮儀諮詢公司工作，並曾以訪問學者身分赴英國接受專業西式社交和商務禮儀訓練。

同時她也熱衷於公益活動，希望幫助更多人感受內外兼修的美麗自信，也分享自身勵志經歷希望更多的愛心人士關懷罕見疾病團體。

她說：「生活永遠沒有絕對的公平，但幸福不是別人給的，而是自己爭取的，與其自怨自艾，不如努力成為更好的自己。生活不會辜負每一個認真對待自己的人。」

TED演講曾有一位盲人講者，因罕見的基因遺傳雙目失明。一開始，他覺得自己的人生要被毀掉了，一生都將是個悲慘的盲人，活在沒有光明的世界裡，一個人孤獨終老。經歷過極度的絕望，他發現了大腦的欺騙性，而且誰說盲人只能悲慘地依靠他人生活？這不過是大腦的假設罷了，自己還誤把假設當成了現實。有了這樣的覺醒，他調整了對待人生的態度。他從哈佛大學畢業，如今是一家公司的執行長，生育了四個孩子。

「書銷中外百餘本，詩譯英法唯一人」的許淵沖先生，在二〇〇七年得了直腸癌，醫生說他最多只有七年生命。但就在二〇一四年，醫生說的那個生命的終點，他獲得了世界最高翻譯獎項「北極光」傑出文學翻譯獎。許先生豁達地笑說：「看見沒有？這生命是自己可以掌握的。」

他們的人生彷彿重生了一般。而所有的重生都是他們主動選擇的結果。

不管所處的環境如何，我們都有主動選擇的權利。很多人是自己放棄了這種權利。人生會有無數次的覺醒，每一次覺醒，都會開啟全新的世界。幡然醒悟，回望過去如深陷沼澤的歲月，都將慶幸當初的覺醒。

覺醒，什麼時候都不晚。

一個決定，損失一百萬

最近與朋友吃飯，聊起買房和買車。

我的朋友沐，房子買在南匯，是間新成屋，從家到公司所需時間約一小時四十分鐘到兩小時之間。也就是說，每天花在交通上的時間就要三到四小時。

她考慮買車，因為住在南匯交通不便，從家裡出發到地鐵站，公車半小時一班，錯過就要再等半小時。從南匯到上海市區，路程大多要一個半小時以上。

她試圖投標上海牌照拍賣，已經拍了六、七次，還是沒有拍中。

她算一算：車位要七萬人民幣，加上稅差不多八萬，上海牌照要十萬，買車起碼也要二十五萬人民幣。這樣算下來，光買車就要花四十多萬。這還不算買了車之後每年的花費。

她有些後悔，當初怎麼選擇在南匯買房，每天上班實在是太累了。

她當初是鐵了心要買新成屋。上海的新成屋，價格合適的大多在郊區。所以，她就買在了南匯。

看了成甲的《精準學習》，我意識到反思和總結很重要。雖然這件事沒有發生在我身上，我也可以透過她的經歷來反思和總結經驗，當下次自己遇到類似的事情時，就不會犯同樣的錯誤。

當然，因為事情不是發生在我身上，我畢竟不能確切體會到她做決定的過程，只能依照我所了解的資訊來進行反思。

一、以偏概全，且功課做得不夠充分

她之所以在南匯買房，是因為她完全不想住中古屋。她曾在我家附近的社區租房子，我和先生去買菜時，還在路上遇到過他們夫妻倆。

她租的房子大多在一樓，潮溼、環境差。有一間房子，才租了一個月就退租，因為有老鼠、蟑螂。她最怕老鼠和蟑螂，又在附近的社區找了一間房子，條件稍微好了一些，但也不盡如人意。

等到開始考慮買房，有這些痛苦的租房回憶，她堅決不要中古屋。她覺得中古屋的條件太差了，一定要新成屋。上海的市區很少有新成屋，即使有，也貴得離譜。那麼只好去偏遠一些，甚至是在上海周邊買房子。最後，他們買在南匯。

但其實，並不是所有的中古屋條件都這麼差。我也曾租房子，第一次租的房子條件也很差，那時候剛工作，手頭也沒多少錢，總是想省一點，就租了間條件不好的房子。後來搬家，和朋友一起合租，居住環境大幅提升。

我們買房的時候，首先考慮的是交通便利，房子離兩個人的公司都不要太遠。那麼可選擇的只有中古屋了。我們買下的中古屋，雖然是一九九七年建造的老房子，但上一家裝修得還不錯，我們幾乎沒有重新裝修，只油漆了牆面就入住了。

在中古屋中，也是有新一點的房子，至少二〇〇〇年後的房子就很多，而他們卻以偏概全，完全否定了中古屋。如果他們當初也多看看一些中古屋，說不定就不會買在南匯了。

二、高估了新房帶來的幸福感，低估了長距離路程的痛苦

當他們決定買在南匯時，也曾考慮到交通不便的問題，但終究是低估了位置偏遠所帶來的痛苦。

他們買房時只沉浸在擁有新房的幸福中，但每日的交通是未來的事情，他們卻相信自己能夠忍受。殊不知，人有享樂適應性，搬進新房後，新鮮感和幸福感很快就消失了，很快就適應了住在新房裡的生活。但長距離的路程卻是日日苦役，隨著時日漸

增，痛苦只會加深。

無法睡懶覺，每日早早出門等車；晚上又是披星戴月回家。每天四小時的交通已經消耗了體力和精力，還加上高強度的八小時工作。晚上到家之後，如果在家做飯，起碼要八點以後了。最後只好各自在公司附近的小吃店或餐廳吃飯，吃完晚飯再回家。這些都會明顯降低生活的幸福指數。

三、沒有考慮時間成本

對她來說，每一天除了工作，幾乎沒有自己的時間。如果每天睡八小時，那麼每天醒著的時間也就十六小時，工作八小時，交通四小時，加上還要吃飯、洗漱等日常行為，除去這些，每日所剩時間幾乎為零。

記得去年，微信公眾號作家Scalers寫過一篇文章《起得早，住得近，兩年之後我有什麼變化？》。起得早，在上班之前還可以學習一段時間。住得近，花在交通上的時間就少了很多，這些時間又可以省下來投入學習。

沐每天通勤四小時，我只要一小時，我每天比她多出三小時的時間。如果我每天將這三小時投入學習，用一週五天來算，那麼一年，我就比她多了七百八十小時。相當於我比她多活了七百八十小時。住得近簡直是延長壽命啊。

把這些時間投入學習，長此以往，必然會拉開差距。時間成本是最寶貴的成本，尤其是年輕的時候。

四、沒有考慮隱形的金錢成本

她住在郊區，因此買車成了必要。前面已經提到過，她至少要花四十多萬人民幣去買車，還不包括買車之後每年的花費。

而我住在交通便捷的地方，沒有買車的需求，暫時也不打算買車。

另外，她每次出門的交通費也比我們貴。我平常出去參加活動或去逛街都非常方便，而她出門一趟不容易，因此週末也大都宅在家裡。雖然生活在上海，但不一定享受到上海的便捷。

我走路十分鐘去附近的醫院，騎自行車十五分鐘到浦東圖書館，走路十五分鐘到磁懸浮始發站。而她去醫院，去圖書館，去交通樞紐，都不是那麼方便，這些都是隱形的金錢成本，更是隱形的時間成本。

五、房子的升值空間

雖然我對房地產不太了解，但總體而言，市中心的房子升值總是比郊區的房子快一些。雖然我們的房子相對來說舊一些，但升值空間比她的房子要好。而且住家附近正在建造地鐵，這也是加速房子升值的因素。也許，過幾年，我們彼此房子的升值空間會差幾十萬甚至一百萬元呢。

這樣算下來，她買在南匯的房子，損失的豈止是一百萬元。

此外，她現在還沒有孩子，有了孩子之後，孩子的上學問題、接送孩子上學等，又是另外的成本了。

買房算是一個非常大的決定。不同的決策，對今後的生活會產生非常大的影響，這個影響的時間拉長到十年來看，會更加明顯。

生活是由一個個選擇組成，而每個選擇都會改變你生活的軌跡。

我們做反思，就是要去思考做決定背後的假設系統。

那麼對於沐，她的假設系統是什麼呢？可能她認為新成屋肯定比中古屋要好吧。因為她當年買房時，只考慮新成屋，完全不考慮中古屋。

而我們買房時的假設系統是，新成屋要嘛交通不方便，要嘛太貴，因此，我們並不考慮新成屋。下一次換房時，我們肯定依然會選擇中古屋。

不同的假設系統，會產生不同的結果。不知道沐是否會換房，假如換房，是否會選擇中古屋。

不要小看我們做的每一個決策，生活就是由不同的決策造就的。不同的選擇，也會造成完全不同的際遇。

總結以往每一次的選擇，下一次做決策時，就可以變得更加理性，避免掉進同一個坑裡。

真正的教育拚的是父母的觀念

上班到職第一天，我就感受到了巨大的差距。

同事們在聊孩子上學選學校的事。教育是一場沒有硝煙的戰爭，而這戰爭在孩子出生之前就展開了。

同事A，孩子兩歲就開始準備幼兒園的選校問題；同事B，孩子在雙語幼兒園，一年學費十幾萬人民幣；同事C，在國際學校上小學，據說那個學校非常難考，是萬中選一；同事D，小孩還在幼兒園就籌備著暑假去美國遊學，她的孩子才六歲……

我一個小農村來的孩子，總以為上學應該是一件很簡單的事，沒想到在上海，教育資源的競爭如此激烈。這真的讓我深深地為農村的教育擔憂。即使你的學習成績再好，在眼界、資源等方面，與城市的孩子差距太大。

我曾在公司籌辦過一次愛心義賣活動。義賣的物件是苗族的手工刺繡，同時家長和孩子可以帶著自己的物品來參加義賣。

活動開始後，一位少年抱著滿滿一箱書「砰」的一聲放在義賣的攤位。他的到來點燃了義賣現場，媽媽們立刻圍了上去。原來，他帶了一箱英文原文書，每本書標了價格，五塊、十塊、十五塊。如此便宜的英文原文書，媽媽們瘋了似地在箱子裡挑選適合自己孩子的書。不一會兒，他的書被搶購一空，他將義賣所得全捐了出來。

那一箱英文書一直縈繞在我心頭。一位剛上初中的孩子，已經閱讀了滿滿一箱的英文書，或許遠不止這些。而我上初一時，才開始學習英文的二十六個字母。直到現在，看過的英文書屈指可數。

後來，我聽聞他母親的名字，原來是中國分公司唯一的技術女高階主管，曾留學美國，在矽谷工作。看到他的兒子，我感受到了她母親的眼界。

§

公司人力資源總監有次聚餐時分享自己的育兒經驗。她有一個女兒，小小年紀已經是伸展台走秀模特兒，還會流利使用英語和義大利語。她驕傲地說，女兒的履歷比普通大學生還出色。我看她的微信朋友圈，有不少她女兒和外國小朋友的合影。

也曾聽一位寶潔公司的副總裁分享自己的人生經驗。她在無意間提到自己的兒子，她兒子十歲左右，已經去過幾十個國家，自理能力很強，每次出國自己拉著小箱子，有時還會在機場幫助英語能力不強的老人買機票、過安檢。而我直到二十五歲才第一次出國旅行。

二十七歲，我才第一次有機會去美國出差。鄰座的小女孩出生於一九九五年，高中畢業之後在休士頓上大學，早已習慣了在中美之間往返。她泰然自若，而坐在一旁的我因為第一次長途飛行，顯得有些緊張。

人與人之間的差距確實很大，而這種差距，很大程度上是由資源決定的。如果父輩的資源豐富，作為子女是很容易在富足的資源中，選擇自己喜歡的生活方式。

時間也是重要的競爭因素。能力上的差距尚且可以追趕，而時間上的差距有時很難追趕，畢竟有些差距是幾代人的積累。

大城市的一些孩子，六、七歲就已經去過好幾個國家，而同齡的農村孩子，還沒有走出過自己的小村莊，對外面的世界一無所知。

§

在杭州上學時，我做過一段時間的家教，我教的小女孩住西湖畔價值幾千萬元的社區裡。家教的內容是數學和生物，只不過需要英語教學。小女孩本來在美國上學，因身體原因在家遠距上學。

第一次見小女孩，是在餐館。女孩的媽媽帶著兩個女兒請我吃飯。一開始，我不知道要輔導的學生是哪位。電話中說，是一位十三、四歲的女孩，而我眼前的兩個女孩看起來都只有七、八歲。

末了，我才發現小女孩的腿有問題，走路一瘸一拐。此外，雖然她已經十三、四歲，看起來卻只有七、八歲那麼大。她的臉一看就是西方人的臉，長得不像中國人。果然是一方水土養一方人，在美國成長，外形也發生了變化。

來到她家，我第一次感受到什麼叫做書香門第。我在他爸爸的書房兼臥室教她。書房有一整面牆的書架，上面擺滿了書。女孩說：「那些書我爸爸都看過。」書架上擺著她爺爺的相片，也是儀表堂堂。

他爸爸的床頭擺著幾幅油畫，很好看，我以為是名人的作品，小女孩說：「那是我和妹妹畫的。」我甚是吃驚。小女孩從小在美國上學，她妹妹在香港上學。她媽媽全職陪伴她們學習。在那個家庭，我第一次感受到了文化的積累和家庭實力的差距。

小女孩的腿雖然有點問題，身高也比同齡人矮一大截，但她活潑開朗，並沒有因為身體的殘疾而自卑。我想，若是她出生於普通的家庭，想必不會如此幸運。她爸爸說，在國內上學怕她被同學嘲笑，因此很小就送她到美國。雖然回國了，但還時常需要飛到美國去做手術。

家庭教育，對孩子成長的影響遠比我們想像的重要。一個孩子小的時候對世界的認知大多來自父母的價值觀。真正的家庭教育，拚的是父母的觀念、學識、思維方式及生活方式。這是我們不得不面對的現實。**不同家庭教育下培養出來的孩子，彼此間的差距是巨大的。差距的根源與其說是金錢，不如說是父母的眼界和價值觀**。同樣是富二代，有些人勤勉上進，極其努力，而有些人吃喝玩樂，揮霍青春。

看到這裡，你也許會覺得人生不公平。人生本就不公平，資源是稀缺的，並不是每個人都能有機會獲得同樣的資源。當我們去看一些大師的家庭背景，會發現他們出身於書香門第之家，比如，錢鍾書、楊絳、張愛玲等。父母的學識、眼界、思維模式、人生態度、世界觀、人生觀，對孩子的影響遠遠超過學校的教育。

雖然我們沒有辦法改變自己的出生和家庭環境，但我們可以為下一代創造更好的家庭環境，讓他們接受更好的家庭教育。

即使我們未曾出身於書香門第，我們可以努力讓孩子出生於這樣的家庭。即使我們無法成為富二代，但我們可以努力讓自己成為富一代。

Part 2

時間投資法：讓每一分鐘為未來增值

我們無法管理時間，只能管理自己。
我們要了解自己、了解時間、感知時間，
再想辦法使自己以及自己的行為和時間「合拍」。

我們無法管理時間，
只能與時間做朋友。

你怎樣過一天，就怎樣過一生——時間投資法

時間是最公平的，每個人無論貧富、貴賤、美醜、快樂或不快樂、生病或健康，都是二十四小時，沒有人會多一秒，也沒有人會少一秒。

我們無法管理時間，只能管理自己。因此我們要了解自己、了解時間、感知時間，再想辦法使自己以及自己的行為和時間「合拍」。我們無法管理時間，只能與時間做朋友。

有人投資股票，有人投資時間。對於年輕的我們來說，投資股票本錢太少；投資時間，才是我們所能掌控的。時間也是一種稀有資源，投資時間產生的複利效果，也許比投資股票的收益更大。

時間投資法第一步：記錄時間

感知時間的第一步就是要搞清楚自己的時間都用來做了些什麼事。如果你不知道

自己的時間是怎麼消耗的，你就無法進行自我管理。

很多人以為自己很忙，就代表已經非常充分地利用時間了，不需要透過記錄時間來了解自己的時間消費。

其實不然，杜拉克在《杜拉克談高效能的五個習慣》一書中寫道：即使是工作非常忙的高層管理者，透過時間記錄也會發現自己的時間利用率並沒有那麼高，也會花很多時間在毫無意義的事情上。

當你回顧自己的時間安排時，也許根本想不起來自己過去一週到底做了什麼事，把時間花在哪裡？當你去認真記錄了，才能總結自己的時間消費情況，才可以對症下藥，找到可以改進的地方。

在印象筆記中，我有一個命名為「待辦事項」的檔案夾，裡面記錄了我每天做了什麼事，花了多長時間做這件事。這個習慣已經持續了五年。

另外我也使用「愛今天」APP長達一年，來記錄自己的時間消費。「愛今天」APP把時間分成四類：投資、固定、睡眠、浪費。

投資類時間：對目標產生實際幫助的時間。比如你背英語單字花費一小時，這對目標有實際幫助，則這一小時屬於投資時間。

固定類時間：對目標沒幫助又必須做的事情所花費的時間，比如做家事、吃飯、洗澡、上廁所、上下班走路等，對目標沒幫助的都歸為固定時間。

睡眠時間：睡覺所花費的時間。

浪費時間：即非必須、沒有實際幫助的時間。

這四類時間看似非常清晰，在實際使用時，我發現投資與固定時間之間的微妙關係。有時候，你可以把固定的時間轉為投資的時間。比如，上下班的路上，你可以聽有聲書；在地鐵上，你可以閱讀書籍。這都是將固定時間轉化為投資時間的方式。

我將投資類的時間分為：工作、寫作、閱讀、英語、提升廚藝等。

以六個月的時間為例，我投入在寫作上兩百三十六小時，閱讀兩百一十二小時，和君商學院（編註：和君商學院是北京和君商學在線科技股份有限公司興辦的一所精英商學院，學制為一年一屆，旨在培養企業經營管理、創業創新等領域的高手。）兩百六十二小時。

同時，我在固定類的時間花費：吃飯兩百九十六小時，洗漱兩百二十三小時，交通兩百一十一小時，做家事一百二十小時。

透過記錄，你會發現，花費在固定類的時間比除了工作以外的投資類時間多太多了。睡眠時間就更多了，人的一生有三分之一的時間是在床上度過。

當你清楚知道自己的時間花費，你就可以預測工作量和完成的時間。

很多人設定的目標無法實現，是因為從來沒有去預估過完成這個目標需要多少時間，因此也容易設定過高過多的目標，到頭來卻什麼也沒有完成。記錄時間，也可以幫助你更能設定目標。

時間投資法第二步：預留整塊的時間

時間是最稀有的資源，若不將時間管理好，要想管理好其他事情就只是空談。想要成為高效率的人，其中的祕訣就是善於集中精力，把重要的事放在前面做，且一次只做好一件事。

你愈想提高時間的利用率，愈是需要有更長的「整塊時間」，將可由管理者自行支配的零碎時間集中起來。

集中整塊時間會大幅提升時間的利用效率。如果你一邊看書一邊看手機訊息，你會發現，過了半小時，書卻沒看幾頁。如果你關閉手機，集中注意力閱讀，一本書用三、四個小時就能看完。寫作也是如此，有些人一邊寫作一邊逛網頁、看訊息，結果過了一、兩個小時，文章還沒寫完。如果寫作時不上網，集中注意力寫，一個小時差不多可以寫完一篇兩千字的初稿。

做其他事情也是如此，當你有整塊的時間集中處理時，你的效率會更高。能夠集中處理，就盡量不要分散處理。我們可以借助番茄鐘工作法（編註：意指二十五分鐘內，只專注在目前正在進行的事項，並用五分鐘時間專心休息，並再次以二十五分鐘為單位，專注於一件事情的方法）等工具，讓自己集中注意力，不要被其他事情打擾，專注地完成一個或兩個番茄鐘。

要減少碎片化的時間。我們常常在想如何利用碎片化時間，其實更好的方法是如何減少碎片化時間，把碎片化時間整合成大塊的時間。

通訊軟體連接了人與人的關係，同時，它也把人們的生活碎片化了。很多人會任由通訊軟體控制或安排自己的時間，一有訊息通知就放下手中的工作，先去看訊息並回覆，等回過神來，往往忘記了手頭上正在做的事情。我們應該主動掌控通訊軟體。我很早就把通訊軟體的通知關閉，至於朋友圈，已經很久沒看了。

杜拉克曾說，當你只有碎片化的時間就相當於沒有時間。重要的問題需要整塊的時間來處理。**我們要想方設法保衛整塊時間，並想辦法把碎片化的時間整合成一整塊的時間**。

適當保持離線是有必要的。隨時保持上線，大量資訊湧入大腦，會讓我們的大腦一直處在資訊處理的狀態，而沒有時間去深入思考。因為深入思考需要耗費時間和能量，這樣也容易讓大腦產生決策疲勞，不能好好辨別資訊，做出正確的決策。我們上線的時間愈長，處理持續資訊流的效率就愈低。

因此，每天定時遠離手機和網路，不僅可以讓我們變得更加高效，也可以讓我們有時間深入思考。

時間投資法第三步：一百小時定律

說到一百小時定律，很多人應該會想到一萬小時定律吧。

作家麥爾坎・葛拉威爾（Malcolm Gladwell）在《異數》一書中指出：人們眼中的天才之所以卓越非凡，並非天資超人一等，而是付出了持續不斷的努力。一萬小時的錘煉是任何人從平凡變成超凡的必要條件。

他將此稱為「一萬小時定律」，要成為某個領域的專家，需要一萬小時。

一萬小時的刻意練習對於普通人來說，很難做到。如果把時間維度縮小，把一萬小時縮成一百小時，就容易很多。

當你對某件事感興趣，你可以先花一百小時去學習，說不定能夠培養興趣，並且能夠初步入門，而不是僅僅停留在口頭上的喜歡。

在某件事上投入一百小時，說不定你就能夠從門外漢達到初級水準。當你投入了一百小時，你已經把大部分的人甩在後面了，因為在現代社會，很多人根本就不願意行動。

掌控時間者，掌握人生。

時間分配決定了我們的人生。我們應該認真思考一下，自己的時間和資源該怎麼分配，這會決定你人生的走向。當我們開始記錄時間，我們可以意識到自己的時間分配，如果想要更有效地管理自己，你可以有針對性地調整自己的時間分配。

當你在投資時間時，可以從這兩個角度來思考：「在一定的時間內創造同樣的成果，我應該怎樣規劃時間？」「如果從中長期的角度考慮，應該將時間投資在哪些事情上？」當你有長遠的目標，就不會在小事情上浪費時間。

我們也可以站在未來的角度來分配今天的時間。去思考十年後這個世界需要什麼樣的人才？十年之後，你想成為什麼樣的人？

當然這是一個非常大的話題，我自己也還沒想清楚要成為什麼樣的人。**但哪怕對未來有一點點想法，都可以幫助你更好地投資當下的時間，持續行動，最終實現那個小夢想。**

你怎樣過一天，就怎樣過一生。投資好每一天的二十四小時，就是在投資人生。

成功的背後，是高度的自律

想要早起，身體卻不聽使喚，鬧鐘響起，順手關掉，繼續酣睡。待到醒來，從床上驚坐發覺：來不及了。匆匆忙忙穿衣洗漱，左手拿著外套，右手拎著包包，衝出家門。在街邊小攤買了早點，在冷風中一邊咬著包子，一邊趕路，在慌亂中開啟了忙碌的一天。

心靈想要早起，身體卻要貪睡，每日忙忙碌碌，卻也渾渾噩噩，這是幾年前我的狀態。

後來，機緣巧合，我開始寫作，每天清晨早起在書桌前劈里啪啦敲字。鬧鐘比之前早了一小時，鬧鐘響後立刻起床，簡單洗漱，端坐在電腦前敲字，日日如此。

常常有人對我說：你好有毅力，我也想寫作，但總是堅持不下去。其實，對他而言，即使日日早起，也不一定能做到。

與其說是毅力使然，不如說是自律的功勞。

懶惰是人類的天性。我們一生都在與懶惰對抗。懶惰是人間神偷，它會將容光煥發、妝容精緻的女子替換為衣著隨便、邋裡邋遢的女人；它會將「穿衣顯瘦，脫衣顯肌肉」的健美型身材偷換為大腹便便的中年大叔……

懶惰偷去了我們精彩的人生，隨意丟給我們一個枯燥乏味、不斷重複的生活，把我們牢牢困在這樣的生活中。但凡有一絲絲覺醒，都是意識到了懶惰這個天敵，開始與懶惰奮起而戰。

自律是懶惰的天敵。人生，哪怕只是做出一點點改變，都需要自律。

很多事情，說起來很容易，想要保持身材，祕訣就六個字「管住嘴，邁開腿」。要真正做到，需要付出極大的努力、極強的自律，身體裡的每一寸肥肉，都是用汗水驅趕走的。

寫作也很簡單，一張紙、一支筆即可。但要做到日復一日坐在書桌前寫作，也需要極強的自律。

§

大抵心中有了目標，哪怕目標再小，也願意克服懶惰的天性，甘願為之努力。

社群網站「堅持星球」的創辦人龍兄，是自律成就自己最好的例子。大學剛畢業時，他的英語很差，找不到工作。偶然的機會下，他得知國際演講協會（Toastmaster）可以練習演講。從小害怕在人群中講話，更害怕說英語的他，日日堅持練習演講，竟然在協會裡堅持了八年多，做到了大區區長和亞洲八個國家和地區的顧問，成為一名雙語培訓師，出版了三本書。

暢銷書作者趙星從二十三歲到三十歲，下班後一直堅持一件事，那就是寫作。七年來，她下班後堅持寫作，出版了《挺住，意味著一切》、《不要讓未來的你討厭現在的自己》、《當你的才華還撐不起你的夢想時》等暢銷書。自律帶給她不可思議的人生。

我自己也是到了二十六歲，才真正明白自律的意義。在此之前，做任何事都是三分鐘熱度。直到動筆寫作，我才感受到自律帶給我的自由。

無論在什麼領域，想要成為頂尖的人才，都必須做一個自律的人。

《刺激一九九五》原著作者史蒂芬．金是一位高產作家，他每天要求自己寫兩千字，不寫完就不准出書房。他曾說：「寫作是一種實踐。如果你能夠堅持十年每天舉重十五分鐘，你就可以打造出肌肉。如果你持續十年每天寫作一個半小時，你就會變成一名優秀作家。」

村上春樹是一位生活有規律且高度自律的作家。他每天寫作四小時，跑步十公里，持續二十多年。他每年參加一次全程馬拉松比賽，一共參加了三十三次，再加上一次一百公里的超級馬拉松。他還多次參加鐵人三項比賽。他希望自己的墓誌銘寫上：「村上春樹：作家兼跑者。」

「壽司之神」小野二郎也是如此。他數十年如一日，每天做著重複的動作，甚至連坐車的時間和等車的位置都是固定的。美食作家山本益弘曾高度評價二郎先生，他說每次去「數寄屋橋次郎」，在那裡一次都沒有失望過，一次失誤都沒有。這就是高度自律的結果。

在他們難以企及的成就背後，是每日高度自律的生活。

§

《心靈地圖》的作者派克（M. Scott Peck）認為，解決人生問題的首要方案，乃是自律，缺少了這一環，你不可能解決任何麻煩和困難。

自律遠比我們所理解的堅持每天完成該做的事要複雜得多。派克認為，所謂的自律，是以積極而主動的態度，去解決人生痛苦的重要原則，主要包括四個方面：推遲滿足感、承擔責任、尊重事實、保持平衡。

自律，是艱苦而複雜的工作，你需要擁有足夠的勇氣和判斷力。你要承擔責任，還要學會拒絕，要忍受孤獨和枯燥。為了長遠的規劃，既要學會推遲滿足感，還要盡

可能過好眼下的生活。

自律是為了過好每一天的生活。每一天都是新生，就像《了凡四訓》裡講的：「從前種種，譬如昨日死。今後種種，譬如今日生。」過好每一天的日子，也就過好了一生的日子。

我受到V先生的啟發，參考富蘭克林（Benjamin Franklin）自訂的「十三種德行」和曾國藩的「每日十二條必修課」，結合自己的實踐總結了十條日課，作為每日功課，列印出來貼在牆上。在每日入睡前，回憶、總結當日執行情況。

以下為我的十條日課內容：

早起：不設鬧鐘，七點之前自然醒。睡醒之後不貪睡。

書寫：每天清晨書寫兩千字。

早餐：在不趕時間的前提下，在家做早餐。

反思日記：對照日課反思。在腦海重播當日發生的事件。

午睡：工作日午睡十五分鐘。

讀書：每日閱讀三十分鐘，多讀經典，以慢為快，學以致用，指導實踐。

日行萬步：每天步行一萬步。

記帳：日常開銷記帳。

節制：非工作需要，晚上儘量不用電腦。少用手機，微信集中回覆。

規劃：預備次日衣著。寫下次日最重要的三件事。

經過一個多月的實踐，每日基本能夠做完日課的內容。每日踐行日課，是為了讓自己養成習慣，不需要用意志力來堅持，而是靠習慣使然。

須有日日不斷之功，人生方能持續精進。自律的生活，能夠讓我們掌控每一天的生活。

自律給我自由，不要再等明天。

激情只能點燃夢想，習慣才能成就理想

亞里斯多德曾說：「人受習慣所塑造，優異的成績來自於良好的習慣，而非一時的行動。」

我們的日常行為，大部分是由我們的習慣所決定的。心理學家說，人類有百分之九十五的行動是在無意識中進行的，而大部分的無意識行動都是透過習慣產生的。

想要改變自己的人生，不是下一個決定就能達到，需要每日精進，日復一日地練習和持續的行動力。一個人的意志力終究有限，長期持續的行動，一般靠的都不是意志力，而是習慣使然。

以我自己為例，在不知不覺中，我持續每日寫作的習慣已經八百多天了。

要知道，以前的我做什麼事情都是三分鐘熱度：看到別人的畫作，心裡癢癢，我也開始畫畫，買了水彩筆和畫本，畫幾天就扔一邊了；看到別人說一口流利的英文，羨慕得不得了，下定決心也要每天練習英語，過了幾天，又放棄了；看到別人家的陽

台種著花花草草，賞心悅目，我也買了種子、花盆，種了一些花花草草，可惜，連按時澆水都做不到，任其自生自滅……

每次我開始做一件新的事情，我家先生就取笑我：「你又開始三分鐘熱度了。」每次我都心裡不服氣。我下定決心了，這次肯定能持續做下去，肯定不是三分鐘熱度，你等著瞧吧。

可惜，沒過幾天就自己打臉了。臉都打腫了，還是死性不改，每次都是興致盎然地要大幹一場，沒過幾天，就偃旗息鼓了。

你是不是和我一樣呢？想寫作、想畫畫、想減肥、想存錢、想戒菸、想培養好習慣，卻總是半途而廢。

其實，培養一個好習慣，將習慣堅持下去，很簡單，你需要的不是意志力，而是正確的方法。

習慣是指不依賴意志或毅力，把自己想要持續的事情引導到如每天刷牙般輕鬆的狀態。習慣就是把重複的行動化為無意識的行動。

在生活中，我們看到別人每日寫作、每日運動時，總是會為自己找藉口：「他好有毅力，我就不行，我做什麼都是三分鐘熱度。」有了這個萬能的藉口，心安理得地躲在自己的舒適圈中，不願意行動。

其實，大多數人對於新事物都有「三分鐘熱度」，這是人的本性。別人養成了好習慣，不是因為意志力強，而是用了正確的方法。

§

《改變人生的持續術》一書中將培養一個習慣分為三個階段。我以培養每日寫作的習慣為例，來拆解培養習慣的過程。

第一階段：反抗期（第一至七天），百分之四十二的人失敗

在培養一個習慣的初期，許多人都失敗了。當我們下定決心培養一個習慣時，往往會為自己制定過高的目標。有時候目標愈高，反而愈容易放棄。

就拿寫作來說吧，很多人剛開始寫，就想寫出好文章，給自己的目標是每天寫出一篇好文章。其實，這很難做到。我即使寫了兩年多的時間，也無法做到。

可以用「嬰兒學步」的方式，目標設定為每天寫五百字或者每天寫十五分鐘。先從第一步開始，等養成習慣，再增加難度。

我剛開始培養每日寫作習慣的時候，設定了非常簡單的目標。我沒有想要立即寫出好文章，只要求自己每天寫四百字的日記。持續了一段時間，才逐漸增加難度。

為了順利度過反抗期，我們需要注意以下三點。首先，不要同時培養多項習慣，一個時期只培養一項習慣。其次，行動規則愈簡單愈好。比如說，要培養跑步習慣，你的行動規則可以設定為：穿上跑鞋，下樓。最後，一開始不要太在意結果，比如說，有些人才寫了幾篇文章，就因為看到閱讀量寥寥無幾，而無法持續下去。

第二階段：不穩定期（第八至二十一天），百分之四十的人失敗

當你的新習慣已經堅持一個星期，就進入了不穩定期。這個時期，新習慣還是非常脆弱，失敗率也很高。此時，你要為自己設定習慣的機制。比如說，你可以將習慣模式化，在固定的時間和地點，規定具體的數量和方法。

另外，你可以為自己設定一些例外的規則。以跑步為例，女性在生理期不宜跑步，這就是例外規則。

對於寫作，我每天以固定的模式來執行。

固定時間：我每天在清晨寫作，這是可以控制的時間。固定地點：在小臥室的書桌前寫作，沒有人打擾。固定字數：每天寫一千字。

第三階段：倦怠期（第二十二至三十天），百分之十八的人失敗

習慣堅持一段時間之後，容易陷入倦怠期。這個時候，可以為自己的習慣增加新的規則，或者換個環境，換個心情。一些小變化可以產生持續的動力。你也可以嘗試新挑戰，擬定長期的習慣計畫清單。

寫了一段時間之後，我也出現倦怠期。後來，我發起了寫作訓練營，跟一群志同道合的人一起寫。我身為發起者，肯定不好意思偷懶，所以又有了動力。每次開始新一期的活動，就會為自己注入新的活力，持續寫下去。因此，我是在一千多位夥伴的陪伴下持續寫作的。

培養一個新習慣需要多久？培養新習慣所需時間的長短依照想培養習慣的種類而定。一般而言，行為習慣，比如早起、寫作，需要一個月時間。身體習慣，像是跑步、健身，需要三個月。思考習慣，比如積極思維、贏者思維等，需要六個月時間。

由此可見，行為習慣最容易養成，思維習慣最難。但是新的思維習慣一旦養成，威力也最大。當你培養了《與成功有約》書中的七個思維習慣，對你的一生都會產生巨大的影響。

堅持一個好習慣，會帶來意想不到的收穫。

很多人開始做一件事，不久又放棄，周而復始，過了七年，什麼也沒留下。既沒有累積個人的信用，也沒有累積實用的知識技巧。而有些人養成了良好的習慣，持續地做下去。這個習慣所產生的效果會透過「複利」展現出驚人的結果。

§

我自己透過每日寫作這個好習慣，也得到一些小小的收穫。到目前為止，我已發布近七十萬字，沒有發布的文章和日記則超過兩百萬字。養成每日寫作習慣之前，我也沒有想到自己能夠寫這麼多。我會繼續每日寫作的習慣，堅持七年，看能有什麼樣的效果。

用正確的方法培養一批好習慣，比如將閱讀、寫作、健身，變成每日的習慣，那麼你每天不需要刻意做什麼，就能自我提升。而且這些習慣會發揮「複利」的累積效果，說不定，你的生活會因為一個小小的習慣發生巨大的改變。對我而言，每日寫作的習慣就為我的生活帶來了巨大的改變。

習慣養成之後的持續行動也很重要。以下是我粗淺的經驗總結。

在決定持續做一件事情之前，先想清楚自己的初衷

想明白初衷之後，在做事情的過程中若是遭遇困難，只要想到初衷，就能克服困難，堅持下去。我開啟每日寫作的初衷很簡單，寫我的所思所想。這個簡單的初衷也是我持續行動的力量源泉。

可以把這件事放在清晨做

我能夠持續寫作，很大的原因是我在每日清晨寫作。起床之後，簡單洗漱，就開始寫作，每天都是如此。在早晨寫作有很多優勢，早晨的時間可以控制，早晨的大腦是鮮活的，便於你在其他雜事還沒有進入大腦之前，先開始寫作。早晨就把一天要做的事情先做完，一天心情都會很好。在一篇文章裡，我提到了《吃了那隻青蛙》這本書，把難的事情先做完，先把青蛙吞下去。

現在很多人都是夜貓子，喜歡熬夜，喜歡晚上做事情，如果你屬於這種類型，也可以依自己的習慣移到晚上寫。但是，晚上的時間不如早晨那麼容易掌控。在晚上，總是會有一些突發事件，讓你不能按時完成「每日寫作」，這樣又會很自責。推薦大家閱讀《4點起床》，看看一個夜貓子是如何變成清晨型的人。

百分之一百的堅持比百分之九十八的堅持更容易實現

在你決定做一件事情之後，就不要給自己找藉口的機會。只要百分之一百的堅持，你就會每日去做，一旦開始有了特例，就會接連不斷有特例情況，你的持續行動就會被打亂，而不容易堅持下去。當你知道不會有特例，就不會找藉口。有了特例，你就會放鬆對自己的要求。當你破例一次，你就很有可能一而再、再而三地破例。

不忘初心，方得始終

我們應該把自己的初心寫下來，在持續行動的過程中，可以不斷提醒自己當初做這件事的初心。

不要過分關注外界的反映，不要被「數字」綁架。開始行動之後，應該更多關注自己的行動，而不是過分關注外界的反映或評價。正所謂謀事在人，成事在天。**激情只能點燃夢想，習慣才能成就理想。時間是最公平的，你把時間用在了哪裡，就會有相應的收穫。**

馬雲曾說，阿里巴巴不是這兩年做成的，是十五年以前的思考，堅持了十五年，才走到了今天。

十年前的思考和十年的行動，鑄就了今天的你。同樣，十年後的你，也是你現在每一天的思考和行動所鑄就的。

沒有時間，不過是藉口罷了

在現代社會中，忙碌已經成了慣例。同學朋友見面，你都不好意思說自己不忙，即使你真的沒那麼忙，你也會說：「最近忙成狗。」當我們說這句話時，嘴角微微上揚，內心無比驕傲：你看我很忙，我很重要。

但有些人本來應該忙得不可開交，看起來卻像一點都不忙碌。

經常有不少家有幼兒的媽媽參加寫作訓練營，並且帶著高度寫作熱情。第六期百日寫作活動，共有七十多人參加，積分最高的是一位有兩個孩子的媽媽，她每天都堅持寫作，持續了一百多天。每個人都很忙，有兩個孩子的媽媽肯定更忙，她要一邊工作，一邊照顧兩個孩子，還能堅持每日寫作和打卡，簡直不可思議，彷彿她一天不是二十四小時，是四十八小時。而一些看起來有時間的人，寫了幾天就堅持不下去了，理由是：「我太忙了，根本沒有時間寫。」

有些人愈忙碌，看起來卻愈有閒。

我在學習《論語》期間認識了劉文新老師。劉老師是行銷專家，他有自己的公司，經常出差。即使如此忙碌，他還堅持每日學習《論語》，寫每日學習心得。他買了五、六本參考書，學習過程中會翻看這些參考書，然後寫學習心得。他每天早上六點鐘起床學習，出差時在高鐵上看書。以前他自己開車上班，學習《論語》之後，他選擇坐車上班，這樣可以在車上看書。

曾經一起學習《論語》的人加起來也有兩百多人，幾乎沒有人能像劉文新老師這樣每日不間斷地學習。他的每日《論語》已經持續了五百多天，《論語》學習心得寫了幾十萬字，在籌備出版。

我組織《論語》學習興趣小組，每月邀請劉老師分享，他不管多忙，都會抽出時間來參加。有一次，他剛下高鐵，在路上一邊走、一邊分享自己的學習心得，而且他每次分享的內容都不同。劉老師說，學習最重要的是日日不斷之功。

我自己有段時間也在學習《論語》，每日寫學習心得，寫到兩百二十多篇時，就斷了，從此沒有下文。劉文新老師比我忙多了，可他就是能持續地做下去，做到了大部分人都做不到的事情。

當我們想做一些事卻遲遲不動手，總是以「沒時間」作藉口，其實只是懶罷了。

很多人想要開始寫作，卻一直以「沒時間」為藉口，或者淺嘗輒止，他們不僅對寫作是淺嘗輒止，對很多事情都是如此。他們嘗試了寫作、畫畫、心智圖，但沒有一件事能持續做下去。

很多人將自己不能持續的原因歸結為沒有時間。沒有時間成了大多數事情無疾而終的藉口。可是，總有些人，他們很忙，卻看起來很閒，他們彷彿有取之不盡、用之不竭的時間。比如說《職場競爭力》的作者古爾浪窪，前幾年他自己創業，管理自己的公司，但依然能做到日日更新文章。

他每天早上四點半到五點之間起床，然後閱讀和寫作。八點準時到達辦公室。當你還在睡夢中，他已經看完一本書，寫完一篇文章了。他有公司，有家庭，還能保持閱讀和寫作的習慣十幾年。

他將時間分為三部分，早上四點三十分至八點是自己的時間，主要用來閱讀和寫作。早上八點至下午五點是工作時間。晚上是家庭時間。

這些看起來很忙的人，卻能抽出時間來做事。**沒有時間只不過是藉口罷了，關鍵還是看你有多重視這件事。如果你很重視，你肯定能夠排除萬難，擠出時間來完成。**

§

去年我在和君商學院學習，第一次開班會有不少人請假。班主任說，當天下午他有一個金額六億元的談判，他卻推遲談判，選擇來參加商學院的班會，因為商學院在他的心中有著更重要的地位。很多人不來參加班會，只是因為商學院在他們的心中沒有那麼重要，還有更重要的事情，所以他們選擇去做其他的事。

人的生活就是這樣一個取捨的過程。我們每天都在做選擇，你可以選擇刷朋友圈微信文、刷微博，也可以選擇關閉手機，寫一篇文章；你可以選擇看電視，你也可以選擇看一本書；你可以選擇打遊戲，你也可以選擇打個電話給父母……

生活是由一個個選擇組成的，你所謂的沒時間，只不過是你不重視的藉口罷了。

而有些人，要嘛選擇去做，要嘛不做，一旦選擇了做一件事，就會拿出百分之一百甚至百分之兩百的精力來做這件事。因此，他們總能完成，並得到許多收穫。

沒有時間，只不過是藉口罷了，歸根結底，你只是懶。

我每次想要尋找藉口偷懶時，總會想到文中提到的這幾位前輩。前輩們尚且這麼拚，我有什麼藉口偷懶？

有些人工作很忙，看起來卻很悠閒；而有些人嘴上說自己很忙，其實有大把的時間聊天玩社交軟體。

時間擠擠總會有的，當你下定決心要做一件事，無論多忙，都能抽出時間來做，關鍵是看你有多想做這件事。

你不是被困在當下，而是沒有活在當下

我總是忙著做很多事情，在做A事情的時候，我心裡想著B事情，在做B事情的時候，我心裡想著C事情……如此不斷反覆循環，除了寫作的時候，我很少能夠全心投入做一件事。

在看書的時候，想著趕緊看完，可以寫讀書筆記……

在打太極拳的時候，想著趕緊做完，可以去回覆微信……

在吃飯的時候，想著趕緊吃完，可以回去工作……

在聚會的時候，想著趕緊結束，可以回去學習……

我很害怕浪費時間，卻一直在浪費時間。每一段沒有沉浸在當下的時光，其實都被我浪費了。在那些時光裡，我只想著時間趕緊過去。我沒有辦法享受當下的事情，並且全心投入。

我如此輕易就被未來吸走。當我心中產生趕緊過去的念頭時，就變得非常厭惡這

段時光，恨不得馬上能夠逃離。因而那段時光也就不再屬於我，而是被浪費的時光。

回顧過去幾十年的生活，能夠想起的事件非常少。過去那些時光並沒有走進我的生命。因為沒有沉浸當下，我常覺得自己彷彿白活了一遭。內心變得沮喪，討厭自己。

有一次參加一個線下分享，我問老師：「我覺得自己被困在當下，動彈不得。」

老師說：「你不是被困在當下，而是沒有活在當下。」

如果你沒有活在當下，當下的每一個時刻，都未走進你的生命。

活在當下，其實也是將自己的注意力專注到當下的事情中。

§

做瑜伽時，有些時候能夠全神貫注，有些時候也會分心。

老師說：「如果，你心裡的念頭是希望時間趕緊過去，那麼你無法享受這一個小時的瑜伽時間。」

不是去忍受，而是主動選擇。這一個小時，你主動選擇來練習瑜伽。將心中的各種煩心事都放下，不要去思考工作還沒有做完，也不要去想生活中的煩心事。當你選擇了做這件事，就把心沉浸在這件事上。

我也發現，當我的內心不平靜，當我的心裡一直想著那些未完成的工作，我沒有辦法沉浸在瑜伽的練習中。我的身體在機械地練習瑜伽，而我的思緒早已飛回了工作崗位。那一小時的瑜伽練習，並沒有產生什麼效果。

因為我沒有專注地做這件事，我也沒有活在當下。

我們的時間經常被分割。這是上班時間，這是陪伴孩子的時間，這是做家事的時間……真正屬於我們自己的時間很少。但是，如果你不去分割時間，而把上班時間、陪伴孩子的時間也全部變成自己的時間，你會發現時間的「無限性」。

在陪伴孩子的時候，你讓自己對這件事產生興趣，讓自己沉浸在當下的時間中，去感受孩子的存在，用心與他互動。在這個過程中，也是將「陪伴他的時間」變成了自己的時間。對工作、對做家事的時間也是如此，要把這些時間變成自己的時間，這樣你就能給予自己無限的時間。

§

如何才能夠活在當下，感受生命的每時每刻？

一行禪師在《正念的奇蹟》一書中講到，用正念來覺察，覺察到自己當下正在做這件事。

什麼是「正念」？正念是指「對當下的事實保持頭腦清醒」。當你走在鄉間的小路上，你讓自己覺察到：「我正走在鄉間的小路上。」太多時候，我們忙著匆匆趕路，並未覺察自己當下正走在鄉間的小路上，因而小路上的風景也被我們忽略。

比如，當我在吃橘子時，一瓣還沒吃完，另一瓣已經送到嘴裡。我一邊吃，一邊談論著未來的計畫。我們吃的不是橘子，而是未來的「計畫」。如果用正念來覺察，在吃橘子的時候，我們覺察到自己正在吃橘子，會用心品味每一瓣橘子。

為了保持正念，你應該知道怎樣呼吸。呼吸是座橋梁，將生命和意識連結起來，將身體和心念統一起來。無論什麼時候，如果你的心變得散亂，你都可以把呼吸當作工具，重新控制你的心。

呼吸最容易被我們忽略。在平常生活中，我們幾乎不會注意到自己的呼吸。但呼吸是生命的根本。人的生命在一呼一吸之間。不管是冥想、瑜伽、坐享（編註：打坐冥想），都是關注自己的呼吸。

調整呼吸，覺察自己的生命。

§

當下在做的事情，才是人生最重要的事情。

我們常常覺得人生最重要的事情，是在遠方。我們花很多精力來尋找，殊不知，

人生最重要的事情就是當下的事情。

用正念來做好當下每一件事情。如果你用正念做好了一件事，你也就學會了做其他事情。

做任何事情，都要沉浸其中。用正念的力量來覺察。是你自己選擇做這件事，並非受人逼迫。如果不能活在當下，日子就這麼過去了。這不是我想要的。

用正念來覺察，需要練習。

活在當下，是將自己的注意力專注到當下的事情中。在該吃飯的時候好好吃飯，該睡覺的時候好好睡覺。

就像朱光潛先生說的：「慢慢走，欣賞啊！」

效能愈高的人，愈懂得休閒放鬆

春節回老家，每天早晨六點半，穿著羽絨服，戴著手套，出門去紅石湖公園。北方的六點半，天濛濛亮，看不清路，我打開手機的手電筒，照亮腳下的路。

冒著寒風，只為跟著大爺練習太極拳。公園裡已有不少老人隨著音樂打太極，我也加入他們的行列。

去年十一長假剛接觸太極拳時，靜不下心，每次練習都想快點結束，對於太極拳並沒有多麼熱愛。

也許是心態發生了變化，心變得沉靜了些，因而有了學習的欲望。不畏寒風，不戀被窩，早早起床打拳。

大多奧運比賽項目追求的是「更高、更快、更強」，而太極拳恰恰相反，追求的是自然、放鬆和慢。太極拳，胳膊和腿都不會伸得非常直，是曲中有直，直中有曲，留有餘地。

練習太極拳的過程，讓我感受到放鬆和慢的重要性。

初學者往往不知道該如何放鬆。

大爺反覆強調：要放鬆，沉肩墜肘。我的身體卻不知道放鬆是一種什麼樣的狀態。大爺說，放鬆就是自然的狀態，不使勁。

生活在快節奏的都市，被各種目標裹挾著前行，恨不得一天有四十八小時，一分鐘能掰成兩分鐘用，連走路都是腳下生風，一路小跑。習慣了都市裡快節奏的生活，身體也跟著緊繃，竟然不知道自然是怎樣的一種狀態。

§

與其他國家相比，中國人非常勤勉，我們兢兢業業，不舍晝夜，不分週末工作著，覺得休閒就是浪費時間，放鬆猶如拖延。

相對來說，歐美人比我們更重視休閒。休假對他們來說非常重要。在外商工作，常看到同事們連休一、兩個星期去外地旅行。

余秋雨在《行者無疆》裡提到他去羅馬的經歷：家家商店大門緊閉，條條街道沒有行人，羅馬幾乎是一座空城。原來他們都休假去了。

公司首席資訊長曾來上海出差，我有幸與大老闆們共進晚餐。晚餐在外灘的一家西餐廳，在燭光下，大家熱切地交談著。坐我旁邊的是一位英國人，他有著豐富的休閒生活，酷愛跑車。他問我，週末都做什麼？我回答，有時候會去參加一些志願活動。他聽完非常吃驚，週一到週五有全職的工作，週末還去參加志願活動，那什麼時候休息？

我被他的大驚小怪迷惑了，在上海，像我這樣有著全職工作，週末參加各種活動的人很多啊，甚至有很多人週末兩天都要加班呢。我從那時才意識到歐美人對休閒的重視。

§

休閒放鬆不是浪費時間，反而能提高效率。

北歐是世界上人均收入最高的國家群，北歐五國的人均收入在最近二十年穩居全球前二十名。同時，北歐人的休閒時間和休閒活動也走在全球最前列。這是一個典型的既有閒又有錢的社會。

心理學家研究證實：成功人士承受的壓力比普通人更大，但他們更懂得從壓力中放鬆與恢復。

《最成功人士週末做什麼》（*What the Most Successful People Do on the Weekend*）的作者

蘿拉．范德康（Laura Vanderkam）說，成功人士知道，週末才是取得職業成功的祕密武器。你需要為週一做準備。要做到這一點，你需要利用週末讓自己恢復活力，而不是弄得筋疲力盡或者感到失望。

一個懂得工作的人一定懂得休息。一個不懂得休息放鬆的人，在面對壓力時，很容易崩潰。

緊繃的弦，永遠比張弛有度的弦斷得更快。休閒並不是浪費時間，相反地，是為接下來的奔跑積蓄力量。

當你筋疲力盡時，應該停下來，享受休閒的時光。

美學家朱光潛先生曾說：「做學問，做事業，在人生中都只能算是第二樁事。人生第一樁事是生活。」

他所謂的「生活」，是「享受」、是「領略」、是「培養生機」。假若為學問為事業而忘卻生活，那種學問事業在人生中便失去其真正意義與價值。

一直保持忙忙碌碌的狀態沒辦法領略生活之美。蔣勳先生曾說：「忙是心靈死亡，如果心靈死亡，他是對周遭沒有感覺的。」

古玩寶齋的茜姨曾說：「中國文化對世界文化的貢獻是慢生活。中國的園林、茶藝、太極無不是慢生活的體現。只有慢下來才能欣賞這些藝術。」

放慢腳步，給自己欣賞美的時間，正如蔣勳先生所說：「天地有大美而不言，紛繁世間因美而值得留戀。」

當心靜下來，對時間的感知也會變慢。如果一直是追趕者，慌慌張張、匆匆忙忙，時間也會匆忙流逝。

一天二十四小時，你有多少時間留給自己？停下來，享受美麗，慢下來，感受一分一秒的時間。

把時間浪費在美好的事物上。

人最重要的能力，是過好自己的生活

「婚姻中出軌的愛人，要不要原諒？」

「別人怎麼對你，都是你教的。」

「出軌的人都是垃圾。」

飛機落地，搭計程車來到酒店。還未細細打量酒店的環境，就忙著坐在桌前打開微信，看到微信群、朋友圈，全是演員陳思誠出軌的熱門文章。我人雖在美國，只要有手機，國內的新聞一點都不會錯過。

馬蓉出軌，舒淇和馮德倫結婚了，林心如和霍建華結婚了，林心如生孩子……不管你是否八卦，這些熱門事件你都不會錯過。只要稍微瀏覽一下網頁，就能知道這些新聞。看熱鬧的群眾每天追著熱門新聞，看著別人的生活。

聚餐時，觥籌交錯之際，怎可少了八卦新聞作為佐料。誰誰誰又出軌了，誰誰誰一夜爆紅……我們對於明星的八卦如數家珍，卻很少聊起各自的生活。

§

在美國出差那些天，很少看微信公眾號的文章，偶爾才打開微信看一下消息，世界突然清淨了很多。其實，每天不看微信消息，也不會錯過什麼，而日子卻變得清爽許多。

出差期間，常與團隊裡的十幾位同事聚餐。

在國內，吃飯的時候，大家往往會忍不住開始各自滑手機，或者總有人拿著手機洗版。與美國同事一起吃飯，沒有人低頭看手機，甚至看不到有人把手機放在餐桌上。只聽到熱烈的聊天聲，聊天內容不是明星八卦，也不是社會熱點，而是自己的生活。雖然瑣碎，但終究是鮮活的。

「今天是我兒子的生日，下班後，我要帶他去看世界魔術巡迴表演。我還沒有告訴他，這是給他的驚喜。」

「今年是我和老公十周年結婚紀念日，我們準備重遊義大利。我很喜歡義大利，我們的蜜月旅行就是在義大利度過的。」

大家的聊天內容大多集中在自己身上，聊的是自己的生活。而在國內時，聊的常常是明星的八卦，很少聊起各自的生活。

我好奇，美國同事是否關心八卦。與老闆單獨吃飯時，我拿著鄧文迪和她二十一歲男友在沙灘上散步的照片，問老闆是否認識鄧文迪。老闆看著照片，一臉茫然，誰是鄧文迪？我又搜出梅鐸的照片，老闆依然無奈地搖搖頭。

鄧文迪和小鮮肉在沙灘散步，這可是頭條新聞啊。在中國，即使不太八卦的人也能夠把他們的故事說得八九不離十。在知乎、分答（編註：此為中國付費語音問答的網路平台），有人專門問：怎麼看待鄧文迪？

我向老闆描述了鄧文迪和二十一歲小鮮肉的緋聞故事，老闆說：「她真厲害。」然後我們就繼續聊彼此的生活了。

後來與在美的華人聊起這件事，她說，很多美國人確實不太八卦，他們更關心自己的生活。明星的生活跟他們有什麼關係呢？

在美國雖只有短短兩週，卻恍如隔世，讓我對很多事情有了新的看法，也讓我見識了不同的世界、不同的生活方式、不同的生活狀態。

其中，最大的收穫是：要有過好自己日子的能力。

§

過好自己的生活，看似簡單，其實不簡單。

很多時候，我們都將注意力集中在他人的生活上，去關注別人的生活過得怎麼樣，卻不關注自己的生活。

是因為我們自己的生活太無聊了，才把注意力放在了別人的生活上？還是因為我們把注意力都放在別人的生活上，而把自己的生活過得很無聊？

每到年關，在城市裡生活的青年男女就會很頭疼，不知該如何面對三姑六婆的審問：有對象了嗎？工資多少？買房了嗎？買車了嗎？

他們不關心你的興趣愛好，也不會問你生活得如何，他們關心的是結果：買房、結婚。

網上有這樣的敘述：你努力工作，聽歌、閱讀、旅行，學習各種技能，你覺得你的生活很美好、很充實，但在你父母和親戚眼裡，你不過是個還不結婚的神經病。

我想，也許是三姑六婆自己的生活過得瑣碎無趣，實在沒什麼新鮮事，因此對別人的生活如此關心。她們想從別人的生活裡找到一絲安慰，來掩蓋自己生活的窘迫。

§

朋友小米是一位將自己的生活過得有滋有味的女子。第一次見她時，她穿著絲質連身裙，化著精緻的妝容，坐在花叢中。當她轉過身來，我頓時感到驚豔。

她常說，人要過好自己的生活。她姐姐有自己的公司，過著富裕的生活。而小米說，那是她姐姐的生活，與自己無關。她從未想過要依靠姐姐來幫助自己的事業，自己的生活要靠自己去經營和打拚。

當你關注自己的生活時，能夠將自己的生活過得風生水起。當你將注意力放在別人的生活上時，自己的生活不免要落了灰，著了塵。

過好自己的日子，讓別人去說吧。

一個人會孤單，但不孤獨

網際網路連接了人與人，透過手機可以聯繫世界各地的人。我們的人脈圈前所未有的廣泛。我們在社交群組裡狂歡，只要願意，可以每天二十四小時與人連接和聊天。溝通從未如此便捷！

我的微信上有三千多個好友，認識的、不認識的，見過面的、未曾謀面的，都出現在朋友圈裡。

有時候心情失落，想要找朋友傾訴，卻發現在三千好友中，找不到傾訴的對象。有時候，一邊在微信群裡聊得氣氛熱烈，一邊在心裡感受到荒蕪和寂寞。我們花了太多時間與他人連接，忘記了與自己相處。

我們對熱門新聞如數家珍，對他人的喜好瞭若指掌，唯獨不了解自己。

我們需要時間與自己相處，卻又害怕孤獨。

§

我們害怕孤獨，是因為我們認為落單是可恥的。

朋友說起去韓國旅行的經歷，在韓國，一位女士一個人吃飯，別人就會用異樣的眼光看著她。一個人落單說明她不受歡迎。

中學時代的女生，早就懂這個道理，甚至去洗手間都會手挽手一起去，不管做什麼事情都結伴而行。

但人生在世，沒有一個人可以一直陪伴自己，即使親如父母、夫妻，也不可能完全了解你，懂你的心思。人的一生肯定會有孤獨的時候，要學會與孤獨相處。

回想過去的經歷，我常常一個人獨處。

小學時，只有我一個人去鄰村上學，同齡人都在村裡的小學上學，如此持續了四年，直到五年級轉學。我每天總是一個人背著書包，孤獨地走在上學路上。那段路需要走半小時，對於小時候的我來說，那是一段漫長的路。為了排解孤獨，我常常在腦海裡編各種故事。醜小鴨變白天鵝的故事被我演繹了無數遍，以至於二十多年過去了，依然印象深刻。高中時，我是村裡唯一考上縣城一中的人，又是一個人坐公車去學校，持續了三年。

這麼多年來，我已經習慣了獨處。一個人獨處的時候，可以閱讀、寫作、沉思。獨處讓我保持專注力。

§

一個人獨處，會不會無聊？

中國高爾夫球運動員宋依霖十五歲就離開父母，一個人在上海、杭州等地練習高爾夫球。她說：「一個人會孤單，但不孤獨。」除了高爾夫球，就是與書為伴。周圍能交流的人很少。打高爾夫球的朋友，不懂讀書，懂讀書的人不懂高爾夫球。

她很習慣一個人的生活，去哪裡都可以一個人，做什麼事，都可以一個人。一個人去唱歌，一個人看電影……每天有書的陪伴，讓她內心豐盈。在內心，自己與自己對話，不太會有孤獨的感受。

有時，孤獨是一個人的狂歡，狂歡是一群人的孤獨。有些人千方百計地想打發孤獨，無法忍受孤獨，恨不得每時每刻都上線，即使一個人時，注意力時時刻刻都在網路上，一分一秒的孤獨都不想要。或是參加了各種聚會和狂歡，卻發現，回到家的自己更加落寞和孤獨。

獨處，是一個人成長最快的時候。

二〇一六年，我幾乎每個週末都在參加活動：和君商學院、橙子學院、行動派、POA、拆書幫……到了十二月，決定這個月不再參加任何活動，待在家裡看看書，寫寫文章。卻發現十二月自己的進步最大。

春節後，週末時常一整天在圖書館，沒有網路，就看書、寫文章。這時候，感覺自己進步非常快。

但凡創造性的工作，大多是需要獨自完成，這時候就需要獨處。

翻譯界泰斗許淵沖先生一向喜歡獨行。早在西南聯大讀大一時，他就在日記裡寫道：「我過去喜歡一個人走我的路，現在也喜歡一個人走我的路，將來還要一個人走自己的路。」他從事文學翻譯長達六十餘年，被譽為「詩譯英法唯一人」。他宛若「譯道獨行俠」，在翻譯的世界裡孤獨前行，卻碩果纍纍。

§

我們總是找不到自己，不知道自己想要什麼，也許因為我們與自己相處的時光太少。我們忙著參加各種聚會，忙著和別人聯絡，卻忘記了與自己的連結。

其實，我們害怕的是寂寞，而不是孤獨。孤獨和寂寞不一樣，寂寞會發慌，孤獨則是飽滿的。

能夠與孤獨相處的人，大多是內心豐盈的人。內心豐盈，才能感受孤獨的美妙。

就像寂聽大師在《人生總要獨自前行》一書中提到：「孤獨是一種文明病。對於那些感受遲鈍、缺乏想像力的人來說，他們大多不會留意到它的存在。因此可以這麼說，能夠感受到孤獨的人都是文明程度比較高的。」愈優秀的人，愈享受孤獨的時光。

有些時候，愈是喧囂，愈是孤獨。有些人天天和朋友在一起喝酒，永遠不能自己待一會兒，我不覺得這樣的人不孤獨。孤獨是我們一生必須妥善處理的狀態。如果一個人有清晰的目標，他肯定要有與孤獨相處的能力。

孤獨是生命圓滿的開始，沒有與自己獨處的經驗，也不會懂得與別人相處。

要學會與孤獨相處。孤獨，不是為了遠離社會，而是在融入社會的過程中，保持內在的獨立。

我們需要有一段孤獨的時光，來與自己相處，來一場一個人的狂歡。

Part 3
高效行動者：徹底改變自己的核心力量

你與夢想之間，只差一個公式的距離，
這個公式就是 POA 行動力公式。
當你開始行動，你會感受到行動的力量，愛上行動。

唯有夢想，才配讓你焦慮；
唯有行動，才能解除你的焦慮。

拯救重度拖延症，華麗轉身成行動達人

A在他人眼中是一位重度拖延症患者，做什麼事情都拖拖拉拉。宿舍裡最早喊著去洗漱的是她，結果，室友們都洗漱完上床睡覺了，她還沒有開始行動。即使要去面試，明明要遲到了，在一旁等著和她一起去面試的朋友早已催了她無數遍，她還是不疾不徐。說好要看的書，一個月過去了也沒有動靜。興致勃勃地報名了很多活動，活動結束後，又過回原來的生活……

B在他人眼中是一位行動達人，她持續每日寫作八百多天，組織寫作訓練營，超過一千人參加。在一月初寫下要以力所能及的力量傳播傳統文化的心願，十天之內就行動起來，找到志同道合的夥伴，籌辦了線上《論語》學習興趣小組。一月二十六日，看了《三十天寫小說》的書，二月時就籌辦了線上「三十天寫小說」活動，不僅自己完成了人生中第一本十萬字的小說，還帶領二十多位從未寫過小說的夥伴完成了他們人生中的第一本小說。

其實，Ａ和Ｂ都是我，Ａ是從前的我，Ｂ是現在的我，我從重度拖延症患者轉身成為行動達人。發生這個華麗的轉變，是緣於一個神奇的公式，這個公式為我的生活帶來正向的改變，讓我的生命出現更多可能性。

將我從重度拖延症患者改變成行動達人的公式叫作**ＰＯＡ行動力公式**。ＰＯＡ是Power of Action 的縮寫。這個公式其實很簡單：

$$\text{行動力}=\frac{(P\times A)}{O}=\frac{(\text{夥伴}\times\text{方法})}{\text{目標}}$$

當你有一個目標（Ｏ），這個目標就會吸引志同道合的夥伴（Ｐ），每個夥伴可以帶來相應的資源、方法、技能（Ａ），由這些志同道合的夥伴組成的團隊，就會產生強大的能量。

用一句話來概括**ＰＯＡ行動力公式**就是：志同道合很有效。

我們說到行動力時，常常覺得無法計算，只能模糊地去感覺這個人的行動力很強，那個人的行動力很弱。其實，行動力可以用數值加以評估。

如果一個團隊只有唯一的目標（O），團隊有十個夥伴（P），每個夥伴可以帶來兩種資源（A）。用行動力公式計算，這個團隊的行動力就是（10×20）÷1=200。如果這個團隊的目標沒有統一，有兩個目標，那團隊的行動力就是（10×20）÷2=100。對於個人的行動力計算也是類似。

§

這個簡單的POA公式讓我意識到最重要的三點：

一、當你疼，你才會開始行動

是美好的願望還是一個痛點更容易讓你產生行動呢？很多時候，往往是覺得什麼事情不對勁了才想去改變。當你疼，才會行動。在《人生的行銷計畫》（*A Marketing Plan for Life*）裡也有類似的觀點：不適導致行動。

如果此刻的你沒有行動力，可以列出讓你覺得不對勁的事情，然後選擇那件最讓你難以忍受的事情，開始改變。

二、目標愈少，行動力愈強

當你的目標愈多，你的行動力就愈小。在網際網路時代，學習變得非常便捷，很多人同時報名好幾個訓練營，學習寫作、時間管理、手繪等，最後疲於奔命，什麼也沒學好。

唯一的目標很重要。一段時間，最好只設定一個目標，這樣行動力才強大。

三、真正的夥伴會帶來巨大的能量

為什麼有些人能量很大，一呼百應，他說要做一件事，眾人紛紛出謀劃策貢獻資源，而有些人即使拚命吶喊，也沒人願意和他一起做事？真正的夥伴（P）是對你的目標感同身受的人，他們被你的目標深深吸引，自願加入你的團隊。每當一位新的夥伴加入，這位夥伴就會帶來他的資源、技能或者平台（A），那麼團隊的行動力就會增強。因此，真正志同道合的夥伴一起共事，能夠產生巨大的能量。

§

這些年ＰＯＡ帶給我的改變如下：

一、升級了我的思維系統

李笑來在《新生——七年就是一輩子》裡說，每個人的大腦裡其實都有一個屬於自己的作業系統，可以透過不斷打磨、升級概念與方法論來升級我們自己的作業系統。

對我而言，學習了POA就相當於升級了自己的作業系統，有了一種新的思維方式，而這種思維方式，可以為生活帶來很多改變。

人生只有一次，我們要把人生的主動權掌握在自己手裡。當我們用POA的方式來思考問題時，做任何事情都會去思考背後的目標，也就能想清楚為什麼要做這件事。這個過程就是在主動掌控自己的人生。而每一次主動選擇，都是一次重生。每一次重生，都會讓我們驚豔，原來自己可以活成這個樣子。

因此，POA行動力，不僅僅能提升你的行動力，也能幫助你主動掌控自己的人生，最終成長為自己喜歡的樣子。

二、幫助我開啟寫作之旅

其實，我開啟每日寫作之旅，也是源於POA行動力。二〇一五年年初，POA俱樂部的公眾號上發了一篇名為《當美女想寫情色小說》的文章。一開始，美女的目標是想寫情色小說；經過深入挖掘，她的真實目標是：寫下自己的所想所思。所以，人們說出來的目標和真正的初衷往往會有出入，而初衷最能打動人。我被這個初衷深深打動，從而開啟了每日寫作之旅。因為寫作，為我打開了全新的世界，帶來很多意外驚喜。這本書的出版，就是寫作帶來的意外驚喜。

三、幫我找到志同道合的夥伴

我曾籌辦寫作訓練營、《論語》學習興趣小組、三十天寫小說等活動，這些活動都需要夥伴，如果沒有夥伴的參與，我的活動也辦不起來。我覺得找夥伴有一個非常重要的原則，就是要真誠。你要把自己真實的目標告訴他們，而不是冠冕堂皇、虛假的目標。POA之所以有效，就是要求目標必須真實，要先能夠打動你自己，才能打動其他人。你把自己真實的目標告訴別人，自然能夠吸引對這個目標感同身受的人。

為了找到志同道合的夥伴，你必須向身邊人大聲說出自己的夢想，被你打動的夥伴就會應聲而來。充分借助夥伴的資源來尋找實現夢想的方法。快速邁出第一步，在不偏離目標的前提下不斷改良提升，實現你的目標。

四、讓我學會聚焦

人的大腦很貪心，總是想同時做很多事情。我們又很著急，總想在比較短的時間見效。大部分人的生活狀態總是匆匆忙忙，時間永遠不夠用，需要應付的事情遠遠超出了我們所能掌控的範圍。

很多人失敗並非個人能力不行，而是他們將精力分散在太多目標上。POA公式讓我意識到聚焦的重要性，不管你是想取得成就還是想要快速成長，找到那個讓你怦然心動的目標，然後傾盡全力，實現這個唯一目標。

只有少數人能夠做到志存高遠，心無旁騖，他們並不妄圖達成多個目標，懂得對生活中其他的機會說不，最終獲得了巨大的成就。

§

這個公式看似簡單，卻有著無窮的力量。這個公式的力量在於行動，所以取名為「POA行動力」，它到底能發揮怎麼樣的魔力，關鍵是看你如何使用它。

有些人雖然學習了這個公式，但學完之後從來不去實踐，那這個公式對他一點幫助也沒有。而有些人學完了這個公式就去實踐，這個公式就能發揮強大的作用。

我認識的學過POA行動力的夥伴，有的人用POA思維來思考自己的職業，成功跳槽找到了自己喜歡的工作；有的人用POA思維來創業，從一位小白領轉身成為創業公司合夥人，並且用POA思維找到了志同道合的合夥人；有的人用POA思維來培訓，從世界五百強的高管轉身成為自由培訓師，在業界掀起了行動力的熱潮；有的人用ＰＯＡ思維來改進自己的休閒生活，從休閒時間逛街看電視的小職員轉身成為有業餘愛好、經營社群的行動達人……

夢想不是想出來的，夢想是做出來的。

與其整天想著自己的夢想是什麼，倒不如多去嘗試，說不定在嘗試的過程中，就會發現自己喜歡且擅長的事情，就能挖掘出自己的夢想。

你與夢想之間，只差一個公式的距離，這個公式就是ＰＯＡ行動力。當你開始行動，你會感受到行動的力量，愛上行動。

唯有夢想，才配讓你焦慮；唯有行動，才能解除你的焦慮。

為什麼想要改變自己，會經歷一千零一次失敗？

「改變自己」這個詞，就像是午夜的魔法棒，彷佛「叮」一聲就可以把自己從灰姑娘變成高貴的公主。

因此，我每次看到「改變自己」這個詞，就怦然心動。看到帶著「改變自己」字樣的活動，就心潮澎湃，忍不住報名參加，彷佛加入了這個活動就可以獲得重生。

可是，參加活動之後，往往一個星期就感到失望。我還是原來的我，一點變化都沒有，這個活動根本就改變不了我，於是放棄。改變自己的願望又一次失敗了。

下一次，再有類似改變自己的活動，我又會怦然心動，然後失望而歸，如此不斷循環。

我沮喪地發現，我曾有一千次想要改變自己，卻失敗了一千零一次。

改變自己這條道路，比我們想像的要困難得多，漫長得多。

改變自己會失敗，原因之一是我們幻想成為完美的自己。

我們希望自己時尚漂亮、風趣幽默，寫作、繪畫、彈琴樣樣精通，還會說流利的英語……總之，希望世間美好的技能，自己都會一點。

這才是我們想要的「自己」啊，而不是此刻笨拙的自己。

在經歷一千零一次失敗之後，我終於明白，是我對自己的幻想太美好，但現實太貧瘠。

§

上面列出的每一項技能，如果想要達到讓人驚豔的地步，不用一萬小時，至少也需要一千小時吧，而我連一百小時都還沒做到，才投入十小時就開始氣餒：「怎麼進步這麼慢啊？為什麼別人可以做得這麼好？」殊不知，別人早已投入了成千上萬個小時，是幾年積累下來的結果。

改變自己，是一個漫長的過程，其漫長甚至超出我們的想像。

我們往往以為，改變自己瞬間就能完成。我們花了很多精力來「下定決心」，彷彿下定決心之後，第二天自己立刻就可以變成理想的那樣。

可現實是，一天過去了，一週過去了，一個月過去了，我們居然都沒有發生改變！因此，我們失去了耐心，就此放棄。然後，給自己找了一堆冠冕堂皇的理由：我就是無法改變自己、這就是我的命、我沒有天賦。

在持續寫作兩年多之後，我終於意識到，改變自己並不是那麼容易的一件事。改變自己不是瞬間完成，是一個漫長的過程。因此，看到別人的各種技能，會打從心底裡佩服他們。因為我可以感受到，他們在背後曾付出了多少努力。

朋友李娜寫了一篇文章〈從石油工程師到自由撰稿人：我沒有祕訣，只有行動〉。在讀者看來，她從石油工程師到自由撰稿人，這個轉變的過程好像瞬間就完成。

其實，這背後是十多年的堅持。她從二〇〇三年就開始在網路上寫文章，成為自由撰稿人，這個過程她積累了十多年。從二〇〇三年到二〇一五年，中間漫長的十二年，寫作沒有一分錢的收入。當初一起寫部落格的朋友，有百分之九十以上已經不再寫了，唯有她堅持下來。

§

改變自己從來都不是瞬間完成的，只是我們看不到別人背後付出的努力罷了。

一開始用力過猛，註定會失敗。有些人，當他下定決心要改變自己時，就到處宣揚，在微信朋友圈裡發誓，「我要在一個月內減肥五公斤，請你監督我」，他恨不得告訴所有人，自己要改變。

當我們下定決心改變時，往往以為改變很容易，可以在短時間內做到，因此，在一開始的時候用力過猛，反而會弄巧成拙。

如果你用跑百米的速度來跑馬拉松，註定跑不完全程。跑馬拉松，重要的不是一開始的領先，而是能否保持均速跑下去。

改變自己也是如此。一開始，不要用力過猛，而是細水長流，長期堅持。

改變自己從來不是瞬間就能完成的事情。我們都希望自己變得更好，而變得更好需要在每日的生活中落實，是一項日常的修煉。每天精進一點點，一切都靠積累。

在痛定思痛之後，終於意識到，我們無法一下子改變所有，只能一點點改變。就像升級作業系統，或時不時打個補丁，修補一下。

用「升級自己」這個說法，既然聽起來不會立刻有翻天覆地的改變，也就不會那麼容易失望和沮喪。

經歷了一千零一次失敗，我終於決定不再「改變自己」，而是「升級自己」，每天升級一點點，也許一年之後，會給自己一個大大的驚喜。

如今的光芒萬丈，是因為曾經的咬牙堅持

瀟瀟和我是和君商學院的同窗好友。她是某國資集團投資部的資深投資經理，有著十多年投資領域的工作經驗，負責公司海外的併購專案。

某日午後，在商場的星巴克咖啡店裡，身懷六甲的瀟瀟，娓娓道來她誤打誤撞進入投資領域的經歷。

瀟瀟大學就讀於武漢大學的數學系，成績優異，畢業後直升研究所。研究所畢業後，任職於甘肅一家國營集團的海外投資部。才剛工作，合作夥伴就是高盛、渣打等世界知名投資銀行的優秀人才。她被頂級投資銀行從業者的風度、睿智、眼界等深深吸引。從那時起，她在心中暗下決心：「將來的某一天，我也要成為這樣的人。」

她為此孜孜不倦地努力著。她報考特許金融分析師考試。特許金融分析師是全球投資業裡最為嚴格與價值最高的資格認證，被譽為「全球金融第一考」和「華爾街的入場券」，所有的教科書和考試均採取全英文的形式。她是全公司唯一報考的人。

儘管每天都要加班，有時甚至加班到凌晨，不管多晚，她都會抽出時間自學。在沒有參加任何培訓課以及高強度的工作壓力下，她以自學的方式拿到了特許金融分析師三級證書。

工作期間，她頻繁與世界頂級投資銀行合作，這些經歷讓她意識到差距。她萌生了去大城市工作的想法，去尋求更廣闊的發展平台。

因此，她做了一個出乎所有人意料的決定：裸辭。

懷著滿腔熱血和對未來的憧憬，瀟瀟拖著兩個行李箱，隻身前往上海。她坐在南下的火車裡，看著窗外風景呼嘯而過，手裡緊緊攥著開往夢想城市的火車票。雖然有些忐忑，但更多的是憧憬和對未來的幻想：大城市機會多，一定能很快找到工作！

第一晚，瀟瀟住的是一個三坪大的租屋，裡面只放得下一張木板床，轉個身都顯得侷促。潮溼又炎熱的夏天，沒有空調也沒有電風扇，滾燙又躁動的空氣裡夾雜著她對未來的熾熱憧憬。她躺在床上輾轉反側，一會兒滿懷希望，一會兒又開始不安焦慮，想著明天能找到心儀的工作嗎？

想像有多美好，現實就有多殘酷。

她以為憑藉自己的實力，會有多家公司向她拋出善意，給她機會，然後離開那間又破又狹小的出租屋。可沒想到，她在那裡一住就是好幾個月。在那幾個月的時間，她在網上廣投簡歷，馬不停蹄地穿梭於各大徵才活動，卻顆粒無收。

二〇〇八年全球爆發金融危機，金融人士紛紛失業，想在金融行業裡覓得一份工作談何容易？悶熱的夏天，空氣混濁而滾燙，可瀟瀟卻感受到一種人生跌入谷底的絕望，就像一夜之間從天堂跌入地獄。

春節期間，沒有找到工作的她，不想面對家人的殷切期望，一個人留在三坪大的租屋裡過年。她一個人站在外灘，在凜冽的寒風中，凝望著霓虹燈下繁華的大上海：上海如此之大，卻沒有自己的容身之處；上海如此繁華，可這繁華卻與自己無關。

鋪天蓋地的無助和絕望從心底襲來，彷彿要將她吞噬。她蹲在地上，忍不住淚流滿面，從最初的哽咽到後來放聲痛哭。再堅強的她也不過是一個剛畢業兩年的女孩。耳畔閃過前同事對她的冷嘲熱諷，她開始懷疑自己當初的選擇是否太過魯莽。

似乎是上天感應到了她的努力和不易。三個月後，瀟瀟在上海找到了一份工作。找到工作的那一刻，她喜極而泣，生活終於有了轉機。那種喜悅，大概只有經歷過絕處逢生的人，才能真正明白。

瀟瀟特別珍惜這來之不易的工作機會，在新的工作崗位，她依然很拚，常常加班到凌晨。而如今，她已是某國資集團的資深投資經理，是團隊裡唯一不做行政工作的女性。

§

我問瀟瀟：當初裸辭來上海，有後悔過嗎？

瀟瀟用她特有的語調平靜地說：「當初年輕氣盛，覺得自己經常與公司高層領導去海外出差，工作表現也不錯，在上海找到一份工作應該是件輕而易舉的事。如果現在讓我穿越時空重新選擇，還真不一定敢像當年那樣決然裸辭，孤身來上海。」

不過從長遠來看，辭職來上海的決定是對的，只是這一路走得比較艱辛。可每個人都有屬於自己的路要走，當初選擇這條路的時候，也就註定了無法回頭。

人只有在跌入谷底時才能認清自己，看清過去、當下和未來。在最困苦的那段時間裡，瀟瀟認識到之前那份工作，旁人看重的是她所處的平台，是背後的上司，以及所在公司的威望，並非看重她這個人。

很多時候人生似乎走到了山窮水盡，快要堅持不下去了。但天無絕人之路，咬牙堅持，終會收穫柳暗花明的喜悅。

有些路，不曾一步一步親自走過，又怎會深刻體會跌入谷底的無助，而後迎來脫胎換骨的覺悟？

我以為瀟瀟如今的光芒萬丈是理所當然，殊不知，她曾在困境中如何咬牙堅持。

生活對誰都不易。可是，有些人過得有滋有味，彷彿是上帝的寵兒；有些人卻一直在不盡如人意的生活中掙扎和抱怨。命運也是個勢利鬼，欺軟怕硬，它向咬牙堅持的人妥協，卻一再欺負被生活擊垮的人。

我曾見過被生活打敗的人，失去鬥志、自暴自棄、抱怨社會、抱怨父母，每天過得狼狽而不安；我也見過不向命運屈服的人，經歷困境，咬牙堅持，成就了如今的光芒萬丈，過上了自己想要的生活。

咬緊牙關堅挺地走下去，你，終將成為無與倫比的自己！不必沮喪，在未來，你會感謝現在咬牙堅持的自己。

每一次拚盡全力，離夢想更近一步

有時候，人的潛力是被逼出來的，如果你不狠逼自己一把，永遠不知道自己的潛能有多大。誰說你不可以，只是你從未真正拚過。

在生活中，我們常常會羨慕一些知性、優雅、又過著自己喜歡生活的人。她們彷彿是上帝的寵兒，一切美好的事情都發生在她們身上。再對比自己的生活，瑣碎無趣，怎麼看都不順眼。有些人就開始抱怨上天不公，陷入顧影自憐，離自己理想的生活愈來愈遠。

在努力的道路上很多人會中途離場，或早早放棄。

那些過上了讓我們羨慕的生活的女子，在你看不見的背後，她們全心投入，拚盡全力。

§

我們都懷揣著夢想，為什麼只有少數人實現了自己的夢想？

你曾為你的夢想，付出過哪些努力？

也許，你也有寫作出書的夢想，為什麼你沒有實現，別人卻實現了？

很多寫作者會抱怨，自己沒有時間寫作。時間對任何人來說，都是二十四小時，可為什麼有些人就能擠出時間來寫作？

《為了夢想，拚盡全力又何妨》的作者米粒，有一個七歲的孩子，有自己的公司，定期更新公眾號文章，同時還在寫作出書。她每日的待辦事項總是長長的幾十條，但即使再忙，她也會抽出時間來寫作。

白天是工作時間，晚上的時間也不全是自己的。她首先會高品質地陪伴孩子。等孩子睡了，才是她自己的時間，打開書桌前的檯燈，開始寫作和閱讀。有時，寫作靈感來了收不住，常常會熬夜寫作。有時，身體已經躺在床上，腦子裡還是在想文章。不管是上下班，還是等人的間隙，一有靈感，立刻就用語音記錄下來。

她常掛在嘴邊的是那句「All in or nothing」——全力以赴，或者一無所有。**在追尋夢想的道路上，你要有拚盡全力的勇氣**。

她說自己是不管到了多少歲，都希望比昨天再進步一點的奮鬥咖。

如果不努力，你的人生就是單行道。

另一位朋友梅子，四十多歲，做了十二年的全職媽媽，孩子面臨中學考試，老公正在創業，沒有拿過獎學金，英語只會日常交流，卻決定為了女兒出國讀研究所。作為一位母親，為了女兒，可以拚盡全力。

為了讓自己快速提升語言能力，她報了兩個語言培訓班，還請美國老師做家教，不斷練習；為了記住單字，她常常會複習到很晚。

她不僅拿到了碩士學位，還要繼續攻讀博士。朋友們都勸她說，以她的基礎，能夠讀完碩士就很好了，又何苦勞累去讀博士？

她說，在泰國讀書沒有年齡限制，原本覺得自己四十多歲高齡讀博士是奇蹟了，沒想到還遇見了七十多歲的在讀博士。

原本只是為了女兒而出國學習，沒想到卻開啟了自己的全新人生。現在的梅子早已不是原來那個只會做飯和接送孩子的全職媽媽，而是一個在四十多歲活出精彩人生的女子。

很多時候，不是我們做不到，只是局限在自己的思維裡。還沒有開始行動，內心已經自我懷疑：我肯定做不到。當內心有這個聲音時，我們真的做不到了，這就是心理學上的「自證預言」。

當面臨生存危機時，如果內心的信念是：我一定要做到。這時候，你不會去想，做不到怎麼辦，而是竭盡全力去做，也就是所謂的「置之死地而後生」。

§

回想起我大學畢業前，放棄直升本校研究所、備戰考他校研究所這段時光。

在簽下放棄直升資格的那一刻，我就知道，沒有退路了，必須全力以赴。當時我內心有一個強大的信念，打從心底相信自己一定能夠考上，我需要做的只是每日按部就班的複習。儘管在複習時，也曾因壓力太大而在深夜痛哭，即使如此，內心的信念從未動搖。

最終，我以高分考上了心儀大學的研究所。記得那時候，身邊的同學也都認為我一定能夠考上，因為我的眼神、表情、行動都告訴他們，我可以做到。

有些人會覺得考研究所的複習非常辛苦，而我特別懷念那時候的生活，因為心中的信念，從未覺得那段複習經歷是艱辛的。

如果曾有一次完成艱難事情的經歷，你的自信心就會建立起來，你會相信，在其他事情上自己同樣可以做到。

羅曼．羅蘭曾說：「最可怕的敵人，就是沒有堅強的信念。」不是你做不到，而是你從未相信自己可以做到。

當你的內在驅動力被激發時，會爆發出無限的潛能。只是太多時候，我們寧願被困在日復一日的枯燥生活中，失去了鬥志。

兩千年前，孔子就針對這樣的問題提出了自己的解答。

《論語》雍也篇第十二則，冉求曰：「非不說子之道，力不足也。」子曰：「力不足者，中道而廢。今女畫。」

冉求抱怨說自己做不到。孔子說，力量不足，可以停下來休息，然後再繼續，千萬不要還沒有開始行動，就先給自己劃下界線不再向前。

你不是做不到，只是不相信自己可以做到。你不是沒有能力，只是從未拚過。不拚一把，怎麼知道自己的人生有什麼可能？

通往夢想的道路上，是一場場沒有硝煙的硬仗。每一次拚盡全力，都會讓你離自己的夢想更近一步。

努力的女孩，運氣都不會太差

秋日的杭州別具一番情韻，湖山、樹葉、秋水、夕陽，如同一幅色彩濃郁的天然油畫。我踏著金黃色的落葉，聞著桂花香，手捧著一束鮮花，拜訪我的德語老師——韓老師。

韓老師是我求學生涯中最喜歡的一位老師，雖然德語並不是我的專業課程，只是我研究所期間的一門輔修課。韓老師熱愛德語，上課對她而言是一種享受，她把學生當成朋友，每年帶著學生一起郊遊。

敲開韓老師的家門，將鮮花送入她的懷抱。擁抱和問候之後，我們坐在沙發上閒話家常。韓老師泡了一壺清茶，我一邊喝著茶，一邊聽她娓娓道來年輕時的故事。

一九八〇年代的大學生，畢業後由國家分配工作。韓老師在大學期間成績優異，氣質上佳，老師們對她印象特別好。畢業後，她被分配到杭州廣播電視台。她對這個工作非常滿意，懷著對未來的憧憬，開心地回家過最後一個暑假。

暑假過後回到杭州，去人事部調檔案，卻意外發現自己被分配到了鍋爐研究所，去杭州廣播電視台的工作被調包了。

無奈之下，她只好去鍋爐研究所工作，成了一名德語翻譯。

理想的工作是杭州廣播電視台，現實卻要去鍋爐研究所；內心對文學滿腔熱情，現實卻要面對一竅不通的鍋爐原理，理想和現實差了十萬八千里。

韓老師並沒有陷入自怨自艾的生活，相反地，她勤勤懇懇工作著，做好手頭的事情。沒過多久，廠長說：「小韓，下週有德國來的訪問團，到時候你來負責翻譯。」

「要準備什麼？」

「做好心理準備就可以了。」

雖然廠長說做好心理準備就可以，她卻用整整一星期的時間，廢寢忘食準備著。去圖書館借了介紹鍋爐原理的德文書，找了公司的發展史，一邊用字典查看專業術語，一邊用德語翻譯，實在不懂就問同事。

第二週，幾個德國工程師如期而至，由廠長等高層主管陪同，韓老師是唯一的女性。在晚宴過程中，菜都來不及吃一口，餓著肚子翻譯了四個小時。她翻譯精準，舉止得體，給主管留下了非常好的印象，也許默默覺得這個年輕人值得培養。

§

後來，公司要從德國進口一套自動焊接設備，要派幾位工程師出國，韓老師雖然任職不久，竟也在名單中。一九八〇年代，出國的機會非常珍貴。研究所裡四十多歲的老翻譯都未曾有機會出國，而她剛任職不久就得到這寶貴的機會。

出國後，廠裡引進一套一百多萬元的生產設備，還是韓老師擔任翻譯。她做事非常認真、努力。拿到工程圖以後，自己預先翻譯一遍，不懂的問題要嘛查書，要嘛請教德國工程師。雖然沒學過機械課程，工程師現場問她的問題，她都能對答如流。

時光荏苒，韓老師在研究所工作了十年的時光。偶然的機會，在母校遇到一位老同學，聊起彼此的工作。韓老師對老同學說，從小就想成為一名老師，可惜很遺憾沒機會。那位同學說，學校剛好有一位德語老師要出國，你看能否爭取到這個機會。

那個年代，工作的調動不像如今這樣簡單。韓老師大費周章，經過各方努力，才終於成為教師。她說，教師這個職業，是她生命的熱情所在。正因為韓老師真的熱愛教書，發自內心熱愛學生，所以，聽她的課，你能夠感受到那種熱情。在學生生涯中，我很少見到像韓老師這樣熱愛教學和學生的老師，因此對她印象特別深。而學生們也都非常喜歡韓老師，很多畢業學生都跟韓老師保持著密切的聯繫。她也是我唯一拜訪過的大學老師。

不管是在學校當老師，還是在鍋爐研究所做翻譯，韓老師做事情都非常認真，竭盡全力，因此她總是能夠脫穎而出，並能遇到貴人相助。

生活並不一定會按照我們預設的樣子展開，就像文藝女青年的韓老師要面對一竅不通的鍋爐。**當生活不是你想要的樣子，你可以透過自身的努力，抓住機會，將生活過成自己期望的樣子。**

§

開始寫作之後，認識了不少筆友，言西小熊就是其中一位。她也像韓老師那樣，雖然生活中有諸多不順，仍憑著自己的努力，將生活一步步修正為自己想要的樣子。

她用三年的時間從小學英語老師升級為高中英語老師。寫作五個月後，她出版了人生第一本電子書。

她看似幸運，在幸運背後，是踏踏實實的努力。

她在一年內考了七次教師資格，從二月到七月，每個月考一次。工作後，自學翻譯，在譯言網翻譯了一百多篇文章，拿到了簽約譯者的稱號。

她曾經歷人生的低谷，因為未婚，自己買了一間房子，欠下鉅款，被父親趕出家門。父親認為女孩子工作不用太辛苦，嫁人不用太挑剔，生活不能太折騰，因此對她的生活方式很不理解。而她卻暗自下功夫，背地裡抗爭，不妥協、不抱怨，始終朝著自己的目標前行。

即使在最困難的時期，她依然不忘寫作。透過寫作，她認識了天南地北的文友，更驚喜的是，她的一位讀者變成了她的男朋友。他堅持給她打賞半年，彼此有了好感，而後執子之手、與子偕老，步入了婚姻的殿堂。

對女性而言，人生最大的成功是不斷成長，活出自己的樣子。努力的人，總是能讓生活朝著自己期待的方向發展。在他人眼裡看著是幸運，而背後是踏踏實實的努力。因而，她們的運氣都不會太差。

時光，不會辜負每一位安靜努力的女孩。

大學生如何在畢業前存下半桶金？

我與慧琳約在星巴克咖啡店，她穿著白色T恤、玫紅色及膝裙，齊肩短髮，臉上帶著淺淺微笑，幹練優雅。

見她之前，我已被她的經歷深深折服：她出生於劉三姐故鄉，十八歲經濟獨立，從此沒向父母要過一分錢；二十歲一個人坐著綠皮車（無空調火車），走遍大江南北；大部分學生畢業即破產，她卻在畢業時存了八萬元人民幣；踏入職場，年紀輕輕已是五百強外商的總經理助理……

她小小的身軀裡蘊含著無限的生命力，她獨立又執著地為自己想要的生活打拚。

慧琳說，她想要成為外表溫柔、內心獨立又強大的女子。而在我看來，她必然能夠成為這樣的女子，從她過往的經歷即可看出。

一、家教，人生第一次經濟獨立

慧琳在十八歲經濟獨立，是靠家教。她有著八年的家教經歷，不論是國內還是國外的孩子、大學或研究所考生，她都能一一從容應對。即使研究所畢業第一年上班，她依然是白天上班，晚上家教。

第一份家教的雇主是一個小型教育機構，離學校車程一小時，每天下午四點半坐上唯一一班通往教育機構的公車，五點半到站，六點到八點上課，然後又要趕八點半的末班車，九點半下車，步行回學校，十點左右到寢室。

而兩小時的授課所得僅僅五十元。懷揣著強烈的責任感，她從未產生過中途放棄的念頭。她的第一份家教，為她後來整整八年的家教經歷鋪下了堅實的基礎。

在十八歲實現經濟獨立，對慧琳來說，有著里程碑式的意義。如今的她，依然為十八歲的自己感到驕傲，她說：「在這麼年輕的時候就可以養活自己，給了我很大的自信。只要努力，就可以掌控自己的人生。」

慧琳是一位做事全力以赴的人，即使在做很小的事情，她也會超越期待，做到百分之兩百的程度。

二、學校的工讀

在校期間，除了家教，慧琳也申請了學校的工讀。很多人覺得工讀就是打雜，混時間罷了，而慧琳卻做得非常認真和出色。她認為，工作沒有高低貴賤之分，關鍵是你的態度。

工讀的工作之一是整理檔案。整理檔案的事情很瑣碎，很多人常常出錯。但慧琳從來不出錯，而且做得既快又好。正因如此，她被老師賞識，培訓新人或行政老師如何整理檔案。

因為慧琳工作出色，老師充分信任她。一段時間之後，老師就把辦公室的鑰匙給慧琳，她可以自由選擇工作時間。這個經歷讓慧琳明白，當你獲得別人的信任，你就能提高自己的自由度。獲得了老師的信任，她可以選擇自己有空的時候去整理檔案，而不必局限在固定的時間。

工讀的經歷也讓小小年紀的她認識到：人生道路有很多種，如果你把事情做好，選擇哪種道路都不會差。

三、獎學金，人生儲備金的重要來源

雖然慧琳在家教和工讀上花了不少時間，但她從未因此耽誤學習成績。在她存下的八萬元中，一半是獎學金的收入，有國家獎學金、研究費用，還有參加比賽獲得的獎金。

很多學生，僅僅是學習這一項都做不好，而慧琳不僅成績名列前茅，各種獎項拿到手軟，業餘時間還做家教和工讀，她怎麼有這麼多時間？

她說，每天做完家教回到寢室後，她會利用睡前的時間學習專業知識，還會每天看財經節目或美劇。白天上課也不會打瞌睡，因為她要好好聽課，拿獎學金。

慧琳以名列前茅的成績多次拿下各種獎學金。她說，在學生時代，只要稍微多努力一點兒，就能拚到自己設定的目標。

二十歲那年的暑假，慧琳用積攢下來的獎學金，獨自背上行囊，踏上了一趟說走就走且沒有目的地的旅行。

口袋裡懷揣四千元，從家鄉廣西出發，途經湖北、山西、陝西、四川、重慶、雲南，除了大西北和東北，足跡踏遍了大中華的土地。

因為沒有目的地，去哪個城市，在哪裡駐足，全憑當時的興致。她坐綠皮火車，投宿青年旅館，蹭吃蹭喝；坐在靠窗的位置，和陌生人交流，看了之前從未見過的風景。她內心充滿了隱密的興奮感，就像流浪者一樣，輾轉於各個城市。那種感覺很微妙，因為世界上沒有任何人知道你在哪裡、在做什麼、在想什麼，包括你的父母。

她和不認識的女孩一起吃飯、爬山、賞景、合影、擁抱、互助，不曾有過防備和懷疑，全靠眼緣。有時候，第一眼就能從心裡判斷對方是否可靠、可信任。

長達三十多天的遊山玩水，放空自我，親近大自然，放肆大笑，享受美食，如今回憶起來，好像夢境般不真實。

她最喜歡重慶。重慶這座城市，很難用文字來形容。如果非要描述的話，重慶是一座猶如空中殿堂般矗立在迷霧中的城市，看起來很近的地方往往要七上八下、左彎右拐走很多台階才能到達。因為獨特的地貌，坐在輕軌裡的感覺刺激而新奇。它會帶你穿越古老的類似吊腳樓的山洞，然後豁然開朗；轉彎的角度大到彷彿要帶你飛起來；當然也有不能不說的火鍋，紅色的「火辣辣」也是她的最愛。

她說，這才是旅行的意義吧。旅行不是到了景點拍個照、發個朋友圈就匆匆趕路去下一站。真正的旅行，應該把自己全身心交付給旅行的目的地，如果它年歲古老，就去了解它的過去；如果它現代繁華，就去感受它的時代節奏。

四、五百強企業實習

慧琳從大學畢業之後就開始實習，研究所期間在三家不同的世界五百強企業實習。

從前面慧琳工讀的例子也可以看出，慧琳做每件事都會做到極致。她說，我做的事情就是能比別人做得好，老闆自然能看到我的價值。

實習期間，她除了做好自己的本份，還會認真觀察同事和老闆的做事風格。第一任老闆是一位優雅的女性，她有自己的辦公室，辦公室的外牆是透明玻璃。慧琳每天觀察她，她發現老闆的辦公桌非常整潔，而且工作的每時每刻都是挺直腰背非常優雅的辦公。慧琳從老闆身上學到了這些優點，她的辦公桌非常整潔，工作時也是挺直腰背，直到現在還保持這樣的習慣。當別人問起，她微笑著回答：「因為我上一任老闆就是這樣做的。」

在實習期間，她養成了良好的工作習慣，受到每位老闆的認可和讚賞。

當她畢業進入職場時，已經能夠在職場獨當一面了，很快就脫穎而出。而與她一起畢業的同學，卻需要從頭開始學起。

§

如今的慧琳，工作兩年，在一家五百強外商擔任總經理助理，而銷售部的老大又希望她去銷售部工作。儘管她是任職才兩年的新人，但職場發展一帆風順。當我與慧琳談話時，儘管我們同齡，她仍舊給了我不少中肯的職場建議。

慧琳不僅在經濟上獨立，更重要的是精神上的獨立。靠著自己的努力和智慧，她的生活從容而又底氣十足。生活上當然也有艱辛，奮鬥路上也常有阻礙，她說自己就像一隻打不死的小強，很少抱怨，遇到困難時，她會在心裡默念：我一定能解決這個問題。然後想盡辦法去解決問題，而不是把時間浪費在抱怨上。

與慧琳聊天的過程中，我感受到一種蓬勃的生命力，不僅感慨：愈獨立的女性，愈有生命力。

我愈來愈欣賞獨立的女性。獨立自主的人可以一個人仗劍走天涯。一位女性朋友，一個人驅車環遊美國東海岸，即使遇到暴風雪的天氣依然能淡定處理。這些年，她靠工作出差或利用假期旅行，去過十幾個不同的國家。看著她朋友圈的照片，感受到她的活力四射。

獨立，也是一種能力。而每掌握一項新的技能，就相當於為我們的獨立增光添彩。

願我們都能成為外表溫柔，內心獨立又強大的女子，在這個殘酷又溫柔的世界裡過著豐富多彩的日子。

閱讀，是一種全身心享受的自由和幸福

小時候，除了課本，幾乎沒有課外書。在那貧窮的時代，借到一本書，恨不得立刻讀完。記得有一次，從同學手中借來一本書，回到家迫不及待想閱讀。爸媽不在，我又沒有家裡的鑰匙，於是放下書包，直接坐在家門口，拿出那本書，聲情並茂地朗讀起來。姐姐從老遠的地方聽到了讀書聲，以為是鄰居家那位學業成績優異的女孩，未曾想到是我。很多年過去了，我時常想起那個坐在門口讀書的小女孩。

歲月流逝，物是人非，唯一不曾改變的就是閱讀的習慣。這些年，是書籍陪伴我成長，即使在物質匱乏、家務繁重的童年，也不曾覺得人生無望。書籍就像一扇扇窗戶，讓我走出鄉村，看見了外面廣闊的世界。

但真正大量閱讀是在寫作之後。剛畢業那年，閱讀的書不超過二十本。自從開始寫作，每年的閱讀量在一百本以上。週末時常去浦東圖書館，一坐就是一天。

有人說，讀書又不能賺錢，為什麼要讀書？

我認為讀書帶給我內心的安定和精神的自由。

§

梁冬在講《莊子》時，講到「逍遙」這個詞。我們想獲得逍遙，需要做到兩點。第一，讓自己變得渺小。置身浩瀚的宇宙中，人不過是滄海一粟。我們生氣、嫉妒、憤怒，都是因為把自己看得太過重要，陷入了固執心理。第二，保持距離。站在歷史的長河之中，來看待眼前難以跨越的障礙，也許只是小事一樁。

透過讀書也可以感受到「逍遙」的狀態。閱讀名人傳記、歷史著作，會讓我感受到自己的渺小。有了渺小感，才會謙卑。

閱讀也可以讓我短暫地離開現實的世界，馳騁在書籍的世界裡。我可以穿越時空，與幾千年前的智者對話。也可以漂過海洋，與大洋彼岸的大師對話。

閱讀可以讓我們超越肉體的痛苦，而依然保有精神的自由。

聽朋友講起一位九十多歲老奶奶的故事，頓生敬佩之情。老奶奶患病，需要終日躺在床上。雖然她的身體被禁錮在床上，卻胸懷天下，與時俱進。她雇了一位幫傭，每天朗讀各大報上的時事新聞，讓她得以了解外面的世界。雖然她已高齡九十多歲，但依然對新事物保持著好奇心。

§

吳念真曾寫過一篇文章，提到媽媽生病，他在病榻陪伴。因為母親不識字，無法與她聊文學或其他，只能聊聊生活中的瑣事，以及同鄉們的近況，這些話題的內容畢竟有限，三十分鐘就聊完了。母子枯坐，四目相望，無言以對。如果母親會讀書該多好，可以與母親聊文學，聊自己寫的文章，甚至聊人生。

春節回家，面對八十多歲腿腳不便、每天只能枯坐著的姥姥，我也產生這樣的感觸。姥姥不識字，不會閱讀，雖然有時也看電視，只不過是聽聽聲音熱鬧。

肉體的不便禁錮了她，精神的貧瘠又加重了肉體的痛苦。因為自身痛苦無法消除，姥姥將這種痛苦轉嫁給親人。春節回家，我和先生在家，她每隔兩、三分鐘就喊先生的小名，如果不答應，她會一直喊，直到先生走過去看她。來到她身邊也沒什麼事，等到轉身離開，她又呼喚起先生的名字。她只是需要有人時刻陪在她身邊。

照顧她的幾個女兒每天都被她氣哭，她自己身體不便，總用言語或各種不配合的行為惹女兒們生氣。女兒們並非不孝順，只是實在拿她沒辦法，飯不好好吃，水不好好喝，有時她在夜裡一直敲著床板，讓女兒整夜無法入眠。

我想，她是太痛苦了。常常一個人枯坐著，就像被困在牢籠裡的動物。我理解她的孤獨和痛苦。她的痛苦無處發洩，只好發洩到女兒身上。

我想，如果姥姥會讀書，也許她的痛苦能夠減輕一些。雖然肉體上的痛苦無法擺脫，至少精神上的痛苦可以減輕，像那位九十多歲的老奶奶那樣。

我想，等我老了，即使行動不便，至少還可以閱讀和寫作。即使眼睛花了，我還可以聽書，即使耳朵不靈光，我還可以戴助聽器。雖然身體不如年輕時靈活，但精神依然是自由的。這時候，讀書的效果就凸顯出來了。**讀書可以帶來心智的自由。我們生活在這個世界上，終究是需要一片心靈的淨土。**

§

人活在世上，充滿各種無奈和艱難，但至少有書籍可以作為慰藉。

當我無事可做時，反而會覺得痛苦。當我去圖書館看書，卻能走出痛苦。

有些時候，困擾你的問題，書中的一句話就能讓你豁然開朗。

張允和在《曲終人不散》一書中，回憶起學生時代的課文，她提到法國作家的〈齒痛〉，這篇文章講述了一個牙齒疼痛的人，站在樓上窗戶望著樓下沸騰的人群，這時候正是耶穌要上十字架的時刻。樓下的悲壯場面讓他心煩意亂，因而牙齒更痛了，痛得無法忍受。

張允和的語文老師張聞天說：「人們往往誇大自己的小痛苦，而不關心人民大眾的大痛苦。」又說：「我們要關心人類，要救受難的人類，要做世界上真正的人，不要老在自己的小痛苦上浪費精力。」

讀完這一段，我突然意識到，我就是誇大了自己的小痛苦，老是在小痛苦上浪費精力。當我把注意力只放在自己身上，很容易陷入自怨自艾，如果將眼光放長遠一些，就會發現此刻的痛苦不值一提。

宋代詩人黃庭堅曾說：「三日不讀書，便覺語言無味，面目可憎。」

楊絳也曾說過類似的話。有人問他，如果三天沒有讀書，感覺怎樣？她說，感覺不好受。如果一週不讀書呢？她說，那麼我一週都白活。

去年週末，幾乎總有一天是外出參加活動。今年，自從去過幾次圖書館，覺得外出參加活動索然無味，寧願騎著自行車來到圖書館，在書籍的海洋裡度過一天的時光。

騎自行車去圖書館是一件很美好的事情。微風起，落葉紛飛，騎著自行車，沐浴著陽光，行駛在通往書籍世界的林蔭大道上。那是一種全身心的自由和幸福。

你的閱讀成就了你。一個人的閱讀史，往往就是他的精神成長史和能力發育史。你的氣質裡，藏著你讀過的書和愛過的人。

寫作，能給生活帶來什麼改變？

二〇一五年，因為偶然的契機，我開啟了「每日寫作」之旅，至今已經兩年多了。對我而言，寫作不僅僅是寫作，也是一種禪修，是通往內心安寧的修行。

寫作就像嗎啡，每日清晨召喚著我，讓我不由自主地來到書桌前。有時候，我寫的並不是完整的文章。我只是坐在電腦前，寫下自己的所想所思：昨天發生的事情，當下的情緒，以及昨晚的夢境。不停地寫，將腦海中出現的聲音一一寫下。

每天晨間寫作的日子，讓我深切體會到了「身為女人，要每天筆耕不輟」這句話的意義。

身為女性，我從「每日寫作」的習慣中收穫良多，總結起來有以下七點。

一、感受「心流」帶來的興奮和充實感

寫作是一件非常簡單的事情，只要你願意，拿起筆就可以寫。而且，寫作也是件

很神奇的事情，當你拿起筆準備寫時，有時會不知道自己想要寫什麼，但動筆之後，往往就會有各種思緒湧現出來。在寫作的過程，你可以發現自己的很多想法，有時靈感突現，你在不知不覺中寫出某些句子。寫作是一種創作活動，寫作本身就可以帶來樂趣，而且寫作帶來的樂趣發自內心又持久。

心理學上有個詞叫「心流」，指一種將個人精神力完全投注在某種活動上的感覺；「心流」產生的同時會有高度的興奮及充實感。寫作是一項容易帶來「心流」的活動。在寫作過程中你全神貫注，將注意力完全投注在思考當中。

因而，「每日寫作」可以為女性的生活帶來興奮感和充實感。

二、寫作為女性的生活創造樂趣

在沒有寫作的日子裡，每天的生活就是上下班、吃飯睡覺，日子過得很單調，常常覺得無聊。男性不容易被這樣單調重複的日子擊垮，就像他們的衣服永遠只有那麼幾個款式，卻能夠百穿不厭。而女性面對單調重複的日子，會心生厭煩。女性喜歡變化，喜歡不一樣的東西，就像女性需要購買不同款式和顏色的衣服，卻總覺得自己的衣櫥缺少一件衣服。

當我每天過著重複的日子，我很容易厭倦，總想找些事情為生活增添新鮮感。

當我開始每日寫作，發現每天的生活都不一樣，每天都會有新鮮的事情。以前，當我無聊的時候，我就會抱怨，現在，我很少抱怨生活的單調，有那麼多事情要做，總覺得時間不夠用。

三、寫作滿足了女性的傾訴欲望

大部分女性都喜歡聊天、嘮叨，可是，在生活中，家裡那位男性可能不解風情，不願意聽，而女性的朋友不會時時刻刻都在身邊。

寫作恰好可以滿足女性喜歡傾訴的欲望。寫作的過程也就是自我溝通和交流的過程，寫出的文字也是和其他人溝通交流的紐帶。透過文字，你溝通的範圍會大幅擴展，你不僅可以跟身邊的人溝通，還可以跟素昧平生的人溝通。

開始寫作之後，你會發現，自己不會再像以前那樣喋喋不休了，想說的話，都能透過文字寫出來。

四、寫作可以讓女性暫時逃離瑣碎的生活

一般家庭裡持家的大部分是女性，女性的時間彷彿永遠都不夠用，自己的吃飯、穿衣、打扮，孩子的生活和學習，丈夫的衣食住行，公公婆婆爸爸媽媽老人的身心關懷……女性的一天彷彿在打仗一般，與時間賽跑，要做很多事情。

女性也容易陷入忙碌之中，看起來很忙，卻有很多時間是在忙瑣碎的事情，看似在做很多事，卻發現很少有時間用來關注自己。女性一天中屬於自己的時間太少了。日復一日，總是會讓人身心俱疲。

寫作可以為女性創造出自己的時間，哪怕只有短短的半小時，都可以從那些瑣碎中抽離出來，用來關注自己的所想所思，傾聽內心的聲音。

五、寫作為女性的生活帶來安定感

女性的生活總是需要有所寄託，這樣的生活才是安定的。有些女性把希望寄託在丈夫身上，有些女性寄託在孩子身上，還有女性會寄託在工作上……

我認為，女性最應該把希望寄託在自己身上，無論何時，最可靠的還是自己。當你的生活寄託在別人身上時，就會受制於人。當你把對生活的期待寄託在自己身上，你會發現自己的生活可以過得更加精彩動人。

而寫作就是寄託希望的一個工具。你可以透過寫作描述自己對於未來生活的期望，你可以透過寫作分析現狀和不滿的地方。「每日寫作」可以帶來安定感，感覺生活不再漂泊，每天至少有一件值得期待的事情。

六、寫作可以讓女性遠離嫉妒

相對來說，女性更容易產生嫉妒的心情。嫉妒會產生怨氣，而怨氣其實是種負能量。《這一生的幸福計劃》一書中寫道，嫉妒是幸福的天敵，而提升幸福的快樂行動之一就是：不多慮、不比較。

但嫉妒這種情緒並非你不想要就不會產生。寫作恰好可以幫助我們排解嫉妒的情緒，慢慢遠離嫉妒。當我產生嫉妒情緒時，我就會把這樣的情緒記錄下來，當書寫嫉妒時，自己的情緒就會得到平復。當你不斷記錄讓自己嫉妒的事情，坦然接受它，你也就可以慢慢遠離嫉妒。

七、寫作幫助女性排解負面情緒

看到張德芬女士寫的一段話：「真正讓我們感覺到忙的不是事情本身，也不是我們的心，而是負面情緒帶給我們的困擾。我們的身可以忙，但心是有空間的。當自己的內在空間很大的時候，外面那些忙忙碌碌的事情就像過眼雲煙，一晃即逝。」

有些時候我們很憤怒或很生氣，卻不明白自己為什麼會如此。坐下來寫作吧，把當時憤怒或生氣的情緒寫下來，並且寫下引起這種情緒的所有原因。當你寫完，會發現自己生氣的原因，或許就不生氣了。

我們要及時清理自己的負面情緒，讓身體變得健康。寫作，幫助女性做到身忙而心不忙。

寫作，給我的生活帶來了許多改變。所以，我宣導，身為女性，要每天筆耕不輟。

Part 4
職場突圍術：快速度過職場迷茫期

先求生存，再求發展，
職場就是道場，工作即是修行。
你要有拿得出手的能力，
才能在職場有立足之地。
這一切的解決方法就是：
修煉自己，提升各方面的能力，提高自己的價值。

初入職場很迷茫，如何規劃和提升自己？

一位剛畢業的九〇後女孩，向我傾訴初入職場的迷茫。

她在嘉定的汽車城工作，是一位汽車模具工程師。她說，每天下班之後，不知道該做些什麼，週末也一樣。每天過得很焦慮，覺得自己在浪費時間，卻又不知道該學什麼好。她不喜歡目前的工作，對心理學比較感興趣，但覺得自己學的是理工，轉行去做心理諮商師，改變幅度太大。每到週末，心裡就會莫名焦慮和恐懼，既怕浪費時間，又怕被別人遠遠甩在後面……

眼前的她不就是當年的我嗎？但如今的我，已是另一番模樣。

我知道她最大的焦慮是找不到自己的方向，如果找到了方向，她的心就會安定下來，踏踏實實提升自己。因為沒有方向，什麼都想學，卻又擔心學了之後沒有用，浪費時間。因為不知道方向在哪裡，也就不知道什麼技能對自己的目標有幫助，這也就是所謂的迷茫吧。

現代社會發展如此迅速，人會不斷遇到迷茫期，即使現在的我暫時找到了方向，說不定過了幾年，我又需要尋找新的方向，那時候我也會再次陷入迷茫。

尋找方向這件事，別人能給你一些建議，但最終還是需要自己去摸索。

對於剛入職場的新人，在職場中獲得成長也非常重要。雖然那位女孩說不喜歡目前的工作，但也得先把手頭的工作做好。以下是我的一些建議與想法。

一、先求生存，再求發展，職場就是道場，工作即是修行

不僅是對於這位女孩，對於很多職場新人都是如此，如果你還沒有找到自己喜歡做的工作，又不是那麼喜歡目前在做的工作，也要先把手頭的工作做好，一邊工作，一邊尋找自己感興趣的領域。

初入職場，要先求生存，再求發展。如果連生存都做不好，如何求發展？如果你一時衝動，把手頭的工作辭了，卻不知道自己喜歡的工作是什麼，就只能保持被動。

職場的本質是能力交換的場所。當你真正理解這句話時，就能解決很多糾結和困惑，對職場不切實際的幻想也會消失。你要有拿得出手的能力，才能在職場有立足之地。這一切的解決方法就是：修煉自己，提升各方面的能力，提高自己的價值。

二、盡力把每件事做到十二分，超越期待

剛入職場的新人，常常需要做一些毫無技術可言的工作。這時就開始出現了分水嶺，一種人會積極把手頭的每件事都做好，做出十二分，超越老闆期待；而另一種人開始抱怨，覺得自己從頂尖大學畢業，念了這麼多年書，就做這麼簡單的事情，不是浪費人才嗎？

把每件事都做到十二分的職場新人，能讓老闆透過他的工作表現，了解他的能力以及積極的態度，對他產生信任感，不斷給他新的任務，甚至給他重要的任務。而抱怨的人，如果事情也做不好，那老闆會認為，這麼小的事情都做不好，更不放心把重要的事情交給他，覺得他不可靠，不值得信任。

職場需要先付出才有收穫，你給老闆八分，老闆下次可能會給你五分的工作，而你給老闆五分，下次，老闆只能給你四分的工作了。只有超越老闆的期待，老闆才會放心把更多的任務交給你。

三、先專注兩年，小步快跑

剛入職場的新人，焦慮的原因之一是不確定自己是否喜歡目前所從事的工作。當他們發現自己不是那麼喜歡目前的工作，就會很焦慮。心想，怎麼辦，我一輩子就要

做這個不喜歡的工作嗎？

其實，現在是一個快速發展的時代，也是不確定的時代，即使是頂級的投資人，也不一定能準確預測未來五年的發展趨勢，更不用說是十年、二十年、三十年。我們的一輩子那麼長，科技變化如此快，很難預測一輩子的職業，因此就更加焦慮了。

如果把目光先放在未來兩年，規劃未來兩年的職業發展，就不會那麼焦慮了。兩年還是在我們可以預測和規劃的範圍內。我們要像衛星導航系統一樣，根據外界的情況，不斷重新規劃自己的路線。對於職業發展也是如此，一邊奔跑，一邊調整姿勢。

四、打造可轉移的核心技能

如今社會變化如此之快，我們不能再依靠大學或公司培養我們，而是要自己來著手培養一個「好的自己」。與其天天抱怨社會、抱怨公司、抱怨學校，不如用這個時間來好好培養自己，成長為自己期望的樣子，靜下心來打造自己的核心技能。

很多技能是可以轉移的，比方說，溝通能力、專案管理能力、時間管理、自我管理、團隊合作等。你要相信，人生沒有白走的路，每一步都算數。現在花時間打造的技能，在未來肯定可以派上用場。

五、不斷自學和進化

你不需要別人的許可，就可以開始學習，對什麼感興趣，就直接開始學習。比如說，文章開頭的九〇後女孩，她對心理學感興趣，那就開始學習吧，現在網路教學如此發達，在網上能找到很多課程。先去學習，才能知道自己是真的感興趣，還是假的感興趣。在如今這個時代，自學顯得尤為重要。學習還不夠，進步也不夠，要進化。

六、遠離辦公室政治

不知道是否每個公司都會有辦公室政治，但如果你遇到了辦公室政治，作為職場新人，還是遠離為妙。理由很簡單，既然不可能在一個公司待一輩子，那麼何必花那麼多時間和精力在辦公室政治上，還不如把這些時間用來學習提升自己。而且，辦公室政治也會影響一個人的心情，為了保持好心情，還是遠離辦公室政治吧。

七、學習職場禮儀，提升自己的職業形象

很多職場新人會忽視這一點。其實，你在職場的一舉一動，同事都看在眼裡，他們會從你的穿著、表達方式、行為動作，來評判你的能力。不管是女性還是男性，都應該重視自己的穿著打扮，盡量給他人留下整潔、得體、專業的形象。

此外，也要控制你的情緒，避免一些情緒化的語言和行為。同事不是你的父母或朋友，盡量不要用情緒化的語言與他們溝通，不要因為情緒影響了工作進度。

初入職場，需要學習和提升的方面有很多，即使你目前不喜歡自己的職位，也不一定非要跳槽換工作。你可以透過打磨自己的技能，提高自己的價值，然後尋找自己熱愛的領域，等時機成熟了，再跳槽也不晚。不過，無論如何，都不要停下提升自我的腳步。

職場新人，最基本的特質是什麼？

職場新人最重要的特質是什麼？先聽我講講三個真實的故事。

小李是上海某大學的學生，利用課餘時間在學校的勤工助學中心（編註：提供學生校內工讀機會的單位）工作。學校的勤工助學中心是公司化運作，所有的員工和主管都是學生。小李透過自己的努力，成了財務部的經理，因此有權查看每位同學的工時。小李剛任職不久，就有同學向部門主管反映自己的工時算少了，拿到手的報酬少了。工時算錯是很嚴重的問題，小李的主管親自介入。他也是從員工做起，一步步做到現在的位置，對於各部門運作的細節瞭若指掌。對於計算工時，裡面有什麼隱藏的問題他都一清二楚。總工時是固定的，有人少了，肯定是有人多了。狀況很快就弄清楚，原來小李幫自己多加了工時，把其他同學的工時算到自己身上。發現這個問題後，小李遭到解雇，他是勤工助學中心第一個遭到解雇的人。

小王在一家證券公司實習，他的其中一個工作任務是，每個工作日的五點之前，要把行業研究報告傳給客戶。第一次沒有按時傳給客戶，小王說他忘記了，帶他的主管也就原諒了他。作為新人，不熟悉流程，情有可原，主管自己向客戶道歉。可是，幾週過去了，小王還是常常忘記傳報告給客戶，有時候說學校有其他事情，抽不出時間，有時候快要發報告了，又臨時請假。如果他提前一天請假告訴主管第二天有事，主管不會怪他，也可以自己來整理行業研究報告。可是，他每次都是在最後關頭，才說自己有事，無法完成這項工作。而這個時候，別人也來不及完成行業研究報告。這樣的事情發生了幾次，小王就遭到辭退。辭退理由很簡單：這麼不可靠，什麼事情也不放心給他做啊。小王雖然是實習生，但以他這種工作態度，如果讓下一家企業知道，肯定不會雇用他。

朋友的公司，有一位經理遭到解雇。原因很令人匪夷所思，該經理長期用各種定額發票虛報為車票、住宿費等，一年下來，虛報發票金額上萬元。在整個公司內部遭到舉發，並且解雇。

我不免有一點唏噓，他都是經理級別了，怎麼會因為一萬多元的虛報發票而遭到解雇？朋友說，之前已經有人舉發過他虛報發票，當時只是警告處理，但他還是繼續這樣做。公司忍無可忍，將他開除。

但我細想，覺得公司的決定也是合理的，一個經常虛報發票的經理，你放心把公司的機密資料交給他嗎？你放心讓他承擔重要的任務嗎？

這三個故事很簡單，但肯定在不同的公司裡發生著。對於職場新人，最重要的特質就是兩個字：可靠。但可靠包含的意義，絕不是那麼簡單。

§

可靠，首先要誠信。

故事一和故事三都是不誠信的表現。在公司，你做了不誠信的事情，可能不會立刻被發現，可是紙包不住火，終有一天會東窗事發。當你的不誠信行為被公司發現，職業生涯中就出現了汙點。不要以為換了一家公司，就沒有人知道你的過去。比如，故事三中的經理，對他來說，這絕對是履歷中不光彩的一筆。職場的圈子說大也大，說小也小，當你的名聲不好，在職場圈中也會傳開來，別的公司也不一定會雇用你。級別比較高的主管，更是如此。

可靠，其次要承擔責任。

故事二中的實習生，沒有承擔起自己的工作職責。他每次都不用心，不僅帶給客戶不專業的印象，更是讓主管很為難，根本不放心把事情交給他做。交給他做，他能按時完成嗎？如果連這個都無法保證，又怎麼可能承擔重要的工作職責呢？

職場新人犯錯沒關係，但要真心誠意。如果工作態度不端正，那就算能力再強，老闆也不會把重要的任務交給你。

聊聊我自己的職涯經歷。當年，我以應屆生的身分任職不到六個月，原來的部門因為公司組織結構調整遭到解散，我的新主管變成了一位從未謀面的美國人，而招聘我的主管不再是我的上司。之前與新主管在工作上有一次合作。當我的前上司跟她聊起，說我是剛任職不久的應屆生時，她驚訝不已。

在新主管底下工作，雖然我們還沒有機會見過面，但她挺喜歡我的工作風格。她常說，我的工作態度很積極。我想，我應該已經在她心中建立起了信任感，她可以放心讓我做一些工作。要做到這一點，其實也很簡單，把手頭上的每件事都做好。不應該讓上司失望，或者達不到他的預期，相反的，應該超越他的期望，讓他覺得你比他想像中做得還好。

在工作中，讓上司建立對你的信任感是很重要的。而這個信任感會透過你做的每件事傳遞給他。儘管有些事情看似很小，但老闆可以從一件小事中發現你的做事風格，發現你的品德。身為職場新人，千萬不要覺得自己只是在打雜，就不認真對待工作。打雜的事是對你考驗的第一關，通過這第一關的考驗，上司才會了解你的做事風格、你的工作態度、你是否有責任感等。

你做一件事的方式，就是你做所有事情的方式。如果在生活中，你也是不守信用的人，答應了別人要做的事情，做不到也是無所謂的人，那這樣的行為也會帶到職場中。你很容易在職場中出現不守信用的情況。要重視生活中每個小承諾，不要輕易許諾，如果答應了，就要做到。

職場的本質是能力交換的場所。對於職場新人，最基本的品質是可靠。建立起良好的信任感，才能一步步持續發展。

在外商工作比較好嗎？

週末參加一個線下活動，遇到了蒂娜。

蒂娜目前正面臨職業轉型的問題。她在世界五百強外商公司工作幾十年，已經是經理級別。只是最近公司決定關閉亞太區所有分公司，她因此遭到裁員。

當公司戰略調整，即使工作能力再出色也無濟於事。蒂娜拿到一筆賠償金，失業了。幸好，蒂娜是一位愛學習的白領，在業餘時間，她一直充實自己，參加TTT培訓（編註：TTT是Training the Trainers to Train的縮寫，內容在教導學員成為優秀的培訓師），獲得了相應的證書，她準備轉行做一名培訓師。

她目前正在熱烈開展她的事業第二春，裁員對她的影響並不是那麼大，她可以拿著賠償金，做自己喜歡做的事情。

當我聽到蒂娜公司關閉亞太區所有分公司的消息，我並不是很震驚，因為這已經不是我所知道的第一家關閉中國區分公司的外商了。

近幾年，外商裁員的例子實在是太多了。在搜尋引擎上輸入「外商裁員」，可以搜出好多新聞。

我所在的公司也經歷了好幾次裁員，不少同事紛紛離職。

§

世界五百強，這幾個自帶光環的字，曾讓多少學子擠破頭也想要加入，我自己也是其中的一員。當年作為學生的我，覺得外商高薪體面，光鮮亮麗，可以到世界各地出差，因此對外商充滿了幻想。

大學畢業時，宿舍的閨蜜以學院一姐（整個學院薪水最高）的榮耀加入了一家世界知名外商。她的職位是全球技術支援，在她的人人網（那時候還沒有朋友圈），看到她在世界各地留下的倩影。我特別羨慕。世界這麼大，我也想去看看。

找工作時，我一心想要進入外商。畢業那年，後金融危機時代，全球的經濟形勢不好，外商的招聘名額很少。

我參加了不少世界五百強公司的面試，面試的競爭非常激烈，面試的過程非常漫長，一輪又一輪的面試，我大多在最後一關被刷下。

不過，幸運女神還是眷顧了我，我如願以償，加入一家行業排名前十的外商。

在外商工作，確實有光鮮亮麗的一面。上班從來不用打卡，節假日各種福利，公司組織豐富多采的員工活動，部門每年舉辦公費旅遊，年假多，出差入住星級酒店，聚餐在高級餐廳……

在網際網路公司工作的同學辛辛苦苦加班到十點，我們在家享受下班後的生活，美其名曰：工作生活平衡；在民營企業的同學週末加班，我們公費在國外旅行，曬著泳池和美食……

我們穿著套裝，腳踩高跟鞋，說著流利的英文，有著油然而生的自豪感。

端午節前，在民營企業工作的徐先生，拿回一小包幾十塊人民幣的紅米，而我們公司發的是幾百元的購物卡，我看著這一小包紅米嘲笑徐先生。

可笑著笑著，心裡卻酸了。

§

十幾年前，在世界五百強外商工作確實是一份光鮮體面又高薪的工作，如今早已不是十幾年前的景象。外商的發展空間，將會愈來愈受到新興民營企業的擠壓。

錢鍾書先生的《圍城》道出了職場的真諦：圍在城裡的人想逃出來，城外的人想衝進去，對婚姻也罷，職業也罷，人生的願望大都如此。

應屆畢業生一來不了解職場的真相，看到表面現象誤以為是真實情況，猶如看到藝術照以為是真人；二來抱著不切實際的幻想，幻想著「錢多事少離家近，位高權重責任輕」的工作，奮不顧身地衝進外商的高牆。

申請世界五百強外商的應屆畢業生，大多是名校畢業，學習成績名列前茅，他們拚盡全力，擠進五百強外商的大門。當如願以償，進入了夢寐以求的企業，卻發現，理想和現實的差距不只是十萬八千里。

他們頭頂名校的光環，卻做著非常初級的工作。企業大了，分工就會很細，每個職位負責什麼事情，一般來說比較清楚，工作範圍也比較固定。也許，進入外商之後，你一直做著初級的工作。

外商的制度完善，有著標準的流程，你只要按照流程做事就行。工作範圍小，挑戰小，你的成長自然也變得緩慢。

在外商升職也不容易，也許工作了十幾年，依然是基層員工。中國區的總裁畢竟只有一人，能做到經理級別就很不錯了。看看外商的組織架構圖，就可以發現中國人的面孔何其稀少。

外商剛進入中國時，中國的市場經濟剛剛起步，所以，外商在薪資方面的優勢很大。如今，中國的經濟發展起來了，民營企業也開始崛起，中國的成本優勢也不再那麼明顯，有不少外商開始撤離中國，轉向成本更低的國家。

同事被裁員，回憶起十幾年前剛加入外商的情景。那時候，在外商工作真的是光鮮亮麗，別人一聽你是在外商工作，都會多幾分羨慕。而十幾年後，竟然遭到了裁員。她說，外商在中國愈來愈難發展，我們這一批混外商的人，以後可怎麼辦？習慣了外商的工作風格，很難融入國營企業和民營企業的工作氛圍，而繼續去另一家外商，說不定又會遭遇裁員的風險。親眼見證了接二連三的裁員，我有時感覺在外商工作就像是站在墜落的岩石上，你是沒有動，但是岩石在下墜。個人的努力很難對抗整個時代的潮流。

當然，不是每一家外商都是如此，我只是描述我所了解的外商。我只是想讓你了解，外商並不如你想像的那麼美好。近年來，外商的競爭更加激烈，也許，你不必擠破腦袋，非要進外商不可，你可以有更多的選擇。

§

外商會在中國消亡嗎？當然不會，但是外商一枝獨秀的局面終將一去不復返。

那外商真的不能再去了嗎？

當然也不是，外商還是有其優勢所在。

如果你想要工作生活平衡，你可以選擇去外商。

如果你喜歡自由、平等、人性化的工作氛圍，你可以選擇去外商。

如果你喜歡和來自世界各地的同事合作，你可以選擇去外商。

如果你想要享受每年十幾天的帶薪年假，你可以選擇去外商。

如果你是應屆畢業生，你也可以選擇外商作為職業生涯的開端。在世界五百強企業工作，了解全球化的大企業是如何運作的，可以在大企業裡培養良好的工作習慣，結交優秀的同事。當你身邊大多是優秀的同事，你可以透過觀察他們的思維方式、行為方式，培養自己的職業素養。

此外，五百強外商的工作經歷在跳槽時也是不錯的籌碼。

說到底，職場是一種交換，你想要獲得什麼，你願意用什麼來交換？

自己想清楚了，去哪家公司，都能找到自己的位置，也都能過得心安理得。

這裡要注意的是，在選擇企業時，我們不應該只考慮平台，應該綜合考慮行業、職位和平台。

關於行業，你要考慮的是去熱門行業，還是冷門行業？這個行業目前是處於曙光期、朝陽期、成熟期還是夕陽期？

關於職位，比如銷售、市場、研發、客服，你要去了解你所應聘的職位具體是做什麼的。

平台指的是民營企業、外商、國營企業、政府部門等，你要考慮具體去哪個平台？去大公司還是小公司？去大城市還是小城市？

應屆生找工作時，很少能夠全面考慮這三方面的因素。我當年找工作時，只考慮了平台，一心想要去外商，卻沒有用心考慮行業和職位。

但無論選擇什麼樣的企業，你都可以持續學習和成長，在現代這個不確定的時代，不管你選擇外商、國營企業、民營企業，都很難找到一家可以工作一輩子的企業。

我們的父母那一輩所說的金飯碗，在我們這一輩是很難找到的。但我們要有能力給自己一個金飯碗，現在的金飯碗是指：走到哪裡都能有飯吃，而不是在一家企業吃一輩子。

無論你去了什麼樣的公司，都要持續成長，在不確定的時代，靠公司，不如靠自己，唯有提升自己的能力才是最保險的方式。

假如有一天被公司解雇了

競爭如此激烈的大環境下，公司合併、部門解散，是很正常的事情。「滴滴」和「快的」合併，「大眾點評」和「美團網」合併……在網際網路時代，彷彿兩間公司合併是隨時可能發生的事情。

但對於個人而言，公司合併、部門解散，並非那麼簡單。你可能需要面臨被邊緣化的尷尬局面，也可能被解雇，或者必須另謀高就。

也許正在閱讀這篇文章的你還未進入職場，或剛剛進入職場。希望這篇文章能帶給你一些思考。你是否有脫離組織生存的能力？一個人在一個組織待久了之後，就會慢慢地依賴組織，甚至沒有了脫離組織的能力。

我入職八個月時，尚未感受到組織的溫暖，公司組織架構調整，部門遭到解散，我被安排到一位從未謀面的美國主管團隊。幸運的是，新主管的工作風格是我喜歡的類型。

入職十一個月，公司遭到併購。在公司發出正式郵件之前，網上就有謠傳。看到謠傳時，我完全不相信，覺得是無稽之談，空穴來風。沒想到一個月後，收到了公司合併的消息，只是收購我們的不是謠傳的那一家。

在職場初期就遇到了這兩件大事，讓我一直非常有危機感。即使被公司解雇了，我必須要有能力快速找到下一份工作，或者有能力養活自己。

近來發現，這樣的危機感很有必要。當你舒舒服服在組織待了很多年，也許你連挪動的勇氣都沒有了，當危機來臨時，會非常被動。

§

吳老師是某研究所的財務人員，在該研究所工作幾十年。近來，研究所進行了重組，行政部門被解散。行政部門總共三人，其中一位平時很熱情，與同事們的關係良好，很快就加入另一個科研組。另一位是剛工作不久的女孩，年輕、工作能力強，也被邀請到另一個科研組。只剩下吳老師一個人，沒有科研小組願意接收她。

吳老師此時已五十多歲，再工作幾年就可以退休。本想著當一天和尚敲一天鐘，混著混著就退休了，沒想到在即將退休時遇到重組。

沒有研究所願意接收吳老師，跟吳老師自身的工作態度和工作能力有關。她是這三個研究所的財務人員，平常讓她報銷個發票，都需要催促好幾遍，還常常出錯，出錯了也不告訴你原因。

像吳老師這樣的工作態度和工作能力，不管是在民營企業還是外商，早就被辭退了，還好她在科研單位。也正因為她在科研單位，才混成如今的地步。在研究所工作，基本上是鐵飯碗，不會輕易被辭退。因此有些人就不思進取，應付了事，雖然工作了幾十年，只不過將簡單的工作重複了幾十年。

如今，研究所也面臨重組和改革，曾經的鐵飯碗不再堅不可破，像吳老師這樣的員工，不得不開始面對殘酷的現實。

孫工所在的公司被另一家大公司收購，兩家公司正在整合之中。他很敏感，很擔心自己的職位安全。在工作時，因為過度敏感反而弄巧成拙。

有一天，有同事向他要一個報表，他說報表不能給她。那位同事覺得很奇怪，以前都是他負責做的，他怎麼突然不願意給。她向老闆彙報了這件事。她的老闆發了一封郵件來詢問。孫工看到同事居然讓老闆來質問，也寫了一封郵件，發給同事的大老闆，語氣強硬，像吃了火藥一樣。

同事的大老闆看到這封郵件，對她說：「這不是你的錯，是他擔心自己的職位安全，所以很敏感。」

當他過分擔憂，處處戒備，這樣的表現反而更容易讓他失去自己的職位，他像一隻受驚的小鹿一樣亂撞。他想保住自己的職位，而行為上卻是朝著相反的方向。

約翰最近遭到公司解雇。他在公司工作幾十年，也算是資深的老員工。可最近幾年，他換了好幾個老闆，參與的項目不多，做的是一些邊邊角角的打雜工作。雖然他有著非常資深的經驗，但是做著簡單重複的工作，公司卻需要支付他非常高的薪水。如果讓年輕同事來做他的工作，工資只需要他的十分之一。所以，他被解雇了。

約翰後來進了另一家公司，只是公司的知名度、性價比完全比不上原來的老東家。那也沒辦法，人總是要往前走，總是要想辦法來謀生，何況還有一家子需要養活。

§

這幾個故事裡的人物都是在職場工作十幾年或者幾十年的人。他們在職場的價值反而是愈來愈低，甚至有點混不下去。

當我寫著這幾個故事時，內心很痛苦，心裡默默告訴自己，職業生涯中千萬不要變成這樣，一定要掌握職場的主動權。即使到了中年，也要有自己的競爭力。

當你在一個組織待了很多年，依靠著組織生存，競爭力會慢慢變弱。在如今快速變化的世界，組織也不得不進行調整或重組。如果組織被迫解散，你是否還有競爭力去其他組織生存？

有很多職場人士，在一個組織待慣了，時間一天天過去，能力卻沒有增長，彷彿進入了時間黑洞，幾十年就過去了。當組織改變時，發現自己早已不再適應其他組織。

在如今的社會，你要有能力脫離組織，即使離開組織也能好好地生存下去。當你有這樣的能力時，無論組織發生了什麼變化，你都能從容面對。

做不喜歡的工作，是怎樣的體驗？

有沒有想過一份不喜歡的工作正在侵蝕著你的身心？

朋友小伊研究所畢業，以儲備幹部的身分入職一家世界五百強外商，羨煞旁人。

除了本職工作，小伊在空閒時間還做了很多事情。我與她頻繁見面，是因為我倆一起採訪職場女性。每次見到小伊，她都充滿活力，她的自來熟和熱情，能在非常短的時間創造輕鬆熱絡的氛圍，與採訪嘉賓建立起良好的關係。

我十分羨慕小伊，在知名企業有一份高薪的工作，又做著自己喜歡的事情，彷彿有用不完的精力。

當我和小伊一起去採訪一位職場女性時，小伊坦言自己一點也不喜歡現在的工作。每天都不願意起床，因為心裡非常抗拒上班。

她每天早上六點鐘掙扎著起床，七點坐車，八點半到公司，下午再坐車回家。每天通勤需要花費三個小時。但這不是她討厭這份工作的主要原因。

她所在的部門是在做機器人研發，每天要去工廠看生產線運轉情況。每天面對機械手臂這些冷冰冰的機器，對她這種熱情洋溢、喜歡與人打交道的人來說，真的是一種極大的束縛。

工作時，坐在隔間裡，她常常走神，工作沒有動力，能拖就拖。她心裡對這份工作的抗拒，都反映在她身體上。

她嚴重脫髮，每次梳頭，頭髮就會掉一大把。她原本烏黑的頭髮不知何時生出不少白頭髮。

她每個月定期失眠，徹夜無法入睡，常常連續好幾天失眠，拖著疲憊的身體上班。有時實在吃不消，只能向主管請假，雖然知道主管對她有意見，認為剛入職的新人，工作這麼不上心，但是她的身體實在無法消受。

有時候，她會控制不住自己的情緒，莫名其妙對家人發火。她知道這樣的行為會傷害家人，可就是忍不住。心中的鬱結無法對他人傾訴，只能對家人發洩。

下班回到家，就會癱倒在床上，連說話的力氣都沒有。

當她講述這些時，我很震驚。我從未想過一份工作居然會給人的健康帶來如此大的傷害。雖然，她工作壓力並不是那麼大，也不常加班，只是心裡不喜歡這份工作，只是每天早晨要六點起床趕上固定車班。

如果她不說，我並沒有發覺。相反的，我每次見到她，她都是精神飽滿，充滿活力。她說，因為這些是自己喜歡做的事情，很開心，全心投入，做這些事情簡直就是享受。

採訪的職場女性恰好是校友學姐，於是小伊坦露自己很喜歡學姐在做的事情。學姐說，她正好需要招聘新員工。她強烈表達了想要加入學姐團隊的意願。我作為旁觀者，看到她與學姐溝通時，整個人的精神狀態與她之前描述的工作狀態完全不同。

在回去的路上，她興奮地說：「我終於可以辭掉工作，做自己喜歡做的事情了。」

我說：「可是這份工作薪水比你原來的工作低很多。」

她不以為然地說：「能做我喜歡的事，又能養活我自己，我就很滿意了。我很早就想辭職了，就算沒有這份工作，我也會把原來的工作辭掉。我的身體實在吃不消。」

做自己不喜歡的工作，居然有這麼大的影響。本以為做自己不喜歡的工作，無非是打混過日子，沒想到身體居然會起如此大的反應。心理影響身體，當身體出現問題時，說明真的應該換工作了。

她原來的那份工作，是多少應屆生夢寐以求的職位，也非常有發展前途。可是不喜歡，職位再好對她而言也沒有吸引力。

§

有些人，早已經辭掉不喜歡的工作，做著自己喜歡的工作。

小羽是我和小伊一起採訪過的女性，她自己經營花店。她曾是外商的業務員，業績非常好。業務員需要常年出差，在工作的第八個年頭，她實在不想要那種忙碌的生活，想要調整，向老闆辭職。老闆不同意，先給她三個月的假期調整狀態。三個月後她依然不願意回去上班，假期延長到了六個月。然而六個月之後，她還是辭職了。在休假期間，她學了插花，抓住了偶然的機會，在一個月的時間裡，將自己的文青風花店開了起來。

開花店並不是那麼輕鬆的工作，店裡大大小小的事情都要親力親為。工作的忙碌程度，並不輸之前的業務工作。

小羽很喜歡現在的狀態，做著自己喜歡的事情，忙一點也很開心。況且，現在的時間是自由的，心靈是自由的，一切都可以自己掌控。

忙碌並不是不喜歡一份工作的主要原因，終究還是不喜歡做那份工作時自己的狀態。當工作狀態是敷衍、完成任務萬歲、不願意進步時，說明自己對於這份工作，並沒有太大的熱情。

我並不是要勸你立刻辭掉工作，來一場說走就走的裸辭。不管是小伊還是小羽，她們辭職前，都做了充分的準備。

在現實世界裡，即使你不喜歡自己的工作，也不該直接放手不幹。在成人的世界裡，除了喜歡與不喜歡，還有責任和生存壓力，畢竟大家都是成年人了，需要為自己負責，需要養活自己。

人生在世，短短幾十年，真的應該做自己喜歡的事情，為自己喜歡的事情投入精力和熱情。而不是在不喜歡的工作上耗費心力。

做自己喜歡的工作並不簡單，但非常值得。終有一天，我們會以自己心安理得的方式，在喜歡的地方，做著自己喜歡的事情。

父母眼中的穩定，是你身上的枷鎖

朋友辰逸從北京來到上海，下班後和我約了一起吃飯。

剛落座，辰逸就開始傾吐職場苦水，讓我深深感受到：父母眼中「穩定」的工作，卻成了他身上重重的「枷鎖」。

辰逸大學畢業之後，任職於北京一家國營企業。他能夠進入國營企業，父母也費了不少氣力。父母非常喜歡這個工作，認為孩子從此端上了鐵飯碗，再也不需要擔心工作問題。而辰逸的悲慘生活從此拉開了序幕。

辰逸畢業於上海某重點大學機械系，他萬萬沒想到來到國營企業上班，自己需要一直在生產線工作。

辰逸作為生產線裡年紀最小的員工，髒活累活當然都是他做。他每週末都要值班，沒有自己的時間。我好奇地問：「那個職位只有你一個人？沒有人跟你輪班？」

他說不是，按道理，應該是大家輪班，可其他人都是工作十幾年的老油條，根本不願意輪班。這五年來，每個週末都是他一個人值班，也導致他沒有週末時間。

此外，他需要二十四小時保持手機開機，有事情隨叫隨到，就因為他住在單位旁邊的員工宿舍。

他的工作看起來清閒，其實耗費了他大量的休閒時間。

但這並不是他討厭這份工作的真正原因。

他受不了的是同事們對待他的態度。他大學畢業到生產線工作，被同事們看不起。如果生產線出了問題要找代罪羔羊，首當其衝的就是他。雖然他工作能力很強，同事們還是對他有偏見，認為大學生就是實做能力差。

他是生產線的維修人員，平常生產線不會有很多故障需要處理，大部分時間都是無所事事，但人必須在單位守著。

其他的老員工沒事就聚在一起聊聊在哪裡買房子，要買哪個牌子的車，去哪裡旅行，或者一整天都拿著手機玩遊戲。

辰逸喜歡看書，有空的時候就會看看書。他的行為遭到了其他同事強烈的抵制：你看什麼書啊？看書有用啊？你看再多書也買不起北京的房子啊！

辰逸經常是同事們嘲笑的對象。你看你大學畢業，不照樣要在生產線幹活？我們有房有車，你什麼都沒有。我們經常出國旅行，你有錢去嗎？我們玩遊戲，你這個傻子居然還在看書？讀書有什麼用，還不如我們的日子過得逍遙呢！

當我跟辰逸聊天時，覺得他的同事好像都生活在二十世紀，什麼行動網路，什麼知識經濟，跟他們一點關係都沒有。

當然，他們有時也會抱怨工資太低。辰逸會故意慫恿他們說：「不喜歡可以辭職啊。」同事們就說：「除非給我一間房或者給我一百萬，要不然我才不去呢！」

我聽了很震驚，按照他們的工作能力，如果去市場上找工作，不要說一百萬元了，十萬元的工作也不一定能找到。可他們就是那麼自信。

當辰逸聊起他的工作環境，心中是滿滿的怨氣。我可以感受到每天上班對他而言都是折磨。

有一位與他一起入職的女大學生，也在生產線工作。生產線的大媽們沒事就聚在一起聊八卦，或者嘲諷她。她想要離職，可是當初費了不少力氣幫助她入職的家長不同意。不久後，她得了憂鬱症。一番周折，最終才離職。但離職時的她早已不是入職時活潑開朗、充滿朝氣的她了。

辰逸想要離職，父母也是百般阻撓。好不容易託關係找了一個鐵飯碗，怎麼能這麼輕易就放棄？

父母眼裡的「鐵飯碗」，卻成為辰逸和他同事重重的枷鎖。他們想要離職，家裡人不同意，百般阻撓。可是，這樣的工作卻讓他們身心疲憊，完全不是自己想要的生活。

§

為什麼父母眼中的「穩定」，會成為我們身上的「枷鎖」？因為，我們這一代人與父母那一代的價值觀有所衝突。在父母的價值觀中，「穩定」是非常重要的一項，我們的價值觀裡，卻有「自由」和「成就感」。

父母總是希望自己的孩子少走彎路，恨不得什麼都為孩子安排好，希望孩子按照自己設計的道路來過一生，卻常常忽略孩子的天賦和興趣。

閨蜜的表妹非常外向而有社交天賦。但她的父母非要她讀工程類科系，而且一讀就讀到博士，讓天性喜歡社交的她去學習自己最不擅長的科系。她所在的學校是母親教書的大學，父母認為，女兒畢業後可以靠自己的關係讓她留校教書。

但父母畢竟無法陪伴孩子走完一生。如果一直替孩子做決定，孩子會喪失自己做決定的能力。如果沒有能力自己做決定，又如何照顧好自己和家人？人終究是要獨立的，有時候父母的過分呵護反而阻礙了孩子的獨立成長。

況且，如今的時代變化如此之快，有著諸多不確定因素。有一種觀點說，我們已經來到了後喻時代。在後喻時代，應該是父母向孩子學習。如果被父母的價值觀綁架，雖然身在這個時代，卻過著上一代的生活。

當遇到與父母價值觀衝突時，該怎麼辦，是該堅守還是妥協？

經過這麼些年的掙扎，辰逸終於決定辭職了，脫離那個泥潭，尋找自己喜歡的工作。如今他已經辭去了父母眼中的鐵飯碗，在上海從事一份全新的工作。

他終究掙脫了父母的枷鎖，來到了自由的世界。自由的世界也會有很多挑戰，但人生也會更有活力。

在公務體制內工作是扼殺夢想嗎？

朋友樺子在國營企業工作，上班輕鬆且清閒，早上八點去辦公室上班，十一點去員工餐廳吃飯，然後回家睡午覺，下午三點再去辦公室，等到五點就可以下班了。

上班也沒什麼事，喝喝茶、聊聊天，一天就過去了。辦公室裡的女性幹部更是悠閒，平時很少去上班，只有值班的時候去一下辦公室，相當於全職媽媽。

另一個朋友對樺子的工作羨慕不已，對他說：「等我女兒長大了，也去你們單位上班。對女人來說，這樣的工作再好不過了，既穩定又能照顧家庭。」

樺子冷冷地說：「穩定是穩定，可是在這裡上班，人都廢了，沒什麼好的。」

每天無所事事，在別人拚命奮鬥的時候，自己卻在喝茶看報。今天重複著昨天，日復一日，過著一眼望到頭的生活。長此以往，喪失了鬥志，失去了競爭力，以後想跳槽也不一定能找到合適的工作。

「等分到房子，我就要辭職。」這是樺子常掛在嘴邊的一句話。

公務體制內的工作，雖然輕鬆，但工資相對來說也不太高，對於一切都需要靠自己的人來說，買房、買車都是沉重的負擔。

所幸，有些企業會分配房子，只是需要排隊，這是希望，同時也是束縛。排隊分房是一個漫長的過程，可能需要等上好多年，在這漫長的等待過程中，會愈來愈適應眼前的生活節奏，不再適應外面競爭激烈的世界。

時光不僅消磨了你的野心，也吞噬了你的才華。一勞永逸和無所事事，看起來非常誘人，卻是溫柔的陷阱。

對於有野心，想要幹出一番事業的人，這無疑是牢籠，困住了生命的熱情和幹勁，消磨了一個人的鬥志，讓人愈來愈疲軟，最後變成了牢籠裡的囚鳥。

當然，樺子也想著找點副業來做，可是公司明令禁止做副業，況且，即使做副業也不知道該做什麼。迄今為止，他唯一做過的副業就是週末幫別人拍賣車牌，到網咖輸入驗證碼，沒拍中賺一百元，拍中了賺一千元。可這樣的副業也不常有，要是天天有，心裡還有個期盼。

人生最寶貴的是注意力。我們無法控制時間，而注意力是我們可以主動控制的。在國營企業上班的人，他們的注意力如此廉價。上班不知道該做什麼，喝喝茶、聊聊天，寶貴的注意力就這麼消耗了。

是啊，這所謂的穩定，不過是浪費時間罷了。

也許，看到這裡，你會憤懣地抱怨體制內的工作束縛了你的才華，是體制扼殺了自己的夢想。

但，即使在體制內工作，有些人卻過出了完全不同的生活。他們雖然也是在體制裡工作，卻利用業餘時間成就了自己的夢想，活出了另一番模樣。

§

《三體》作者劉慈欣被譽為「中國當代科幻第一人」。從一九九〇年代開始，他一邊在山西省陽泉市的娘子關發電廠擔任電腦工程師，一邊利用業餘時間出版了十三本小說。他連續數年獲得中國科幻文學最高獎銀河獎。二〇一三年，他以三百七十萬元的年度版稅收入，成為第一位登上中國作家富豪榜的科幻作家。

理財達人三公子，也是一名體制內人員。工作的前兩年，她也是隨波逐流，過著安穩平順的日子，下班後看看肥皂劇和娛樂節目、聊聊八卦、網上購物。她意識到看似安穩的生活，換來的卻是個性的消失。她說：「一個人活著活著就把真實的自己弄丟了，最終從靈魂到肉體都變成他人的翻版。」她開始利用下班後的時間讀書、學習理財和寫作。

靠著業餘時間學習理財，理出了人生的第一個一百萬，並且出版了暢銷書《明天過得怎麼樣，取決於今天的你怎麼做》、《工作前五年，決定你一生的財富》。**明天過得怎麼樣，取決於今天的你怎麼做。時光對一個人的點滴改變一開始看起來特別不起眼，但經過幾年的積累，你會驚訝於它的不可思議。**

有些人，在體制裡做著輕鬆的工作，有著生活的基本保障，然後將注意力放到自己喜歡做的事，或者夢想上。

體制根本就無法束縛他們的才華，相反地，體制的工作保證了基本的物質條件，讓他們更能追求自己的夢想。

你嗤之以鼻的生活，別人卻過得風生水起。

如果想要成長，誰能攔著你呢？無論在何種境況下，人都有選擇的自由，不要被自己的思想困死了。

在你抱怨「體制」扼殺你的夢想時，有沒有想過，工作中閒下來的那些時間你都用來做什麼了，是與同事八卦、聊天、上網血拚，還是用來學習充電提升自己？

我們不必拿「體制」作為藉口。**在這個時代，沒有所謂的「生不逢時」、「懷才不遇」，有能力的人時時刻刻都能將自己的能力轉化為個人價值，而沒有能力，即使離開體制，生活也不會有翻天覆地的變化。**

在體制內工作，要有隨時離開體制的能力。而培養能力，與你是否在體制內無關，與你的思維方式、付出的時間和耐心有關。

你所謂的穩定，也可以為夢想盡一些力量，而不是扼殺了你的激情和夢想，這取決於你自己，不要把責任推卸到「體制」上。

人有選擇的權利，你可以選擇自己想要的生活。

在「體制內」工作是否會扼殺夢想，取決於你，而不是體制。

選擇一份讓你快速成長的工作

大學室友今年春節在老家結婚，回到上海後，約我一起吃飯，順便把喜糖送給我。

我們的公司離得很近，於是約在長泰廣場的一家川菜館。看著她迎面走來，我彷彿踏入了時光隧道，穿越到了大學時代。這麼多年過去了，她仍沒什麼變，幾乎和大學時一模一樣。

點完菜，聊起她的老公。

我問：「你老公去深圳了？」

她老公也是我們的大學同學，兩年前，他所在的公司和我的公司在一個園區，偶爾中午還約著一起吃飯。

前段時間，她在微信裡說她老公要去深圳工作。

她說：「去了，又回來了。最近太折騰了，心好累。每個星期都在整理行李。整理了春天的衣服，送他去深圳，戀戀不捨道別，一個星期之後，他就回來了。然後又整理了冬天的衣服，送他去北京，一個星期之後，又回來了。接著又要去蘇州，他想怎樣就怎樣吧，我不管了，行李他自己收拾。」

她老公從原來公司辭職，準備去深圳某家知名網路公司。她原本還打算去深圳找工作。後來想通了，只是兩年異地，還是可以接受的，就沒有辭職。沒想到他去了深圳，一個星期就回來了。

她老公是技術控，這一點，我很早就發現了，只是沒想到他對技術追求如此之高。面試的時候，面試官把公司的技術吹噓得很厲害，他滿懷期待地南下深圳。正式入職後，主管跟他說實話，那些高深的技術，其實還在研發中。透過與同事交流，他發現所在部門的技術不怎麼樣。待了一個星期，他就辭職回上海了。

然後又重新面試。

獵頭公司推薦了北京的某家網路公司。面試時聊得很好，也說技術多麼好。正式入職之後，依然發現技術不怎麼樣。

他又辭職回到了上海。

朋友說：「他太愛折騰了。我覺得北京那家公司就挺好的，而且薪水給的最多。」

我偷偷打聽，薪水多少？

她說：「年薪五十多萬元。本來以為跳槽只能漲百分之二十到三十，沒想到能漲這麼多。但他又不聽我的。他覺得技術差，不值得在那裡浪費時間。」

最終，他在蘇州安定下來，工資沒有北京的那家高，但帶他的老闆技術很高階，在業界口碑很好。

他對技術的痴迷讓我震驚。對他而言，薪水不是最重要的，技術的提升才是。有時，不得不感慨，為什麼大學裡大家學的專業相同，畢業之後差距如此之大？他已經是年薪五十萬元的技術界佼佼者，而有些人還是公司裡打雜的小職員，薪水的差距已經幾倍了。可在大學時，大家的差距並不大，都是品學兼優的學生。

朋友和她老公在今年春節舉行婚禮。一開始，她的父母並不同意。覺得男生的家庭條件一般，雖然工資還可以，但上海房價那麼高，什麼時候能在上海買得起房子。

但我一直都覺得朋友的父母不能只用眼前的情況評判他未來的發展前途。

兩年前，他還和我在同一個園區工作時，我就覺得他以後必然會成為該領域的佼佼者，只是沒想到進步如此神速。雖然說薪資不能代表一切，但薪資起碼是技術水準的反映。

他對技術的追求，不是金錢所能夠動搖的。他是真的熱愛技術。如果只考慮金錢的話，他原本可以接受北京那家公司，哪家公司給錢多，就去哪家。而他考慮的是技術成長。這是找工作時最重要的一點。如果只看薪水，而不關心成長速度，那麼幾年之後，會發現你和別人的差距愈來愈大。

§

成甲曾分享過自己的一個故事，有家公司邀請他去做一場線下的培訓，報價十萬元，他拒絕了。朋友們都覺得成甲腦袋被驢踢了，十萬元一場的線下培訓都不去，這是跟錢過不去嗎？

成甲有自己的判斷邏輯。他在《好好學習》中反覆講複利積累的概念。

如果去參加這個線下的培訓，時間肯定不止一個下午，前期準備培訓內容要花時間。重要的是，做這件事不是複利的積累。培訓結束就結束了，無法給自己帶來複利的效益。

如果用這些時間來看一本書，錄製成《成甲說書》，放到網上售賣，是一個複利的行為。《成甲說書》的音頻是不受時間和空間的限制，一直售賣，不僅自己有收穫，聽眾也會有收穫。

你的每個選擇，都反映出你的價值觀。你是更看重成長速度，還是更看重薪水？

初入職場，成長比薪水更重要，盡量選擇一份讓你快速成長的工作。像我朋友的老公，短短幾年的時間就成長為技術界的佼佼者。他研究的領域是語音識別，他所在公司的技術是全國的領先者。語音識別技術也是未來的發展趨勢之一，未來他的身價肯定會比現在更高。

他也是從農村走出來的大學生，透過對技術的熱愛和鑽研精神，不僅在城市立了足，也找到了自己一生的奮鬥目標。

當你有一技之長時，或者成為領域裡的佼佼者時，你不需要尋找機會，機會自然就會找到你。

對於初入職場的新人來說，選擇一份讓你快速成長的工作比薪水更重要。打鐵還需自身硬，當你能夠快速成長起來，有不可替代的技能，就能有選擇的底氣，就像我的同學，面對五十萬年薪，照樣拒絕。

遇到奇葩老闆怎麼辦？

朋友小貝離職了。聽到她離職的消息，我並不驚訝，因為我知道她早晚會離開。她離職是因為再也無法忍受她的奇葩老闆，憤而裸辭。

說起她的老闆，我倒也認識，一起吃過幾頓飯，去KTV唱過歌，有時在公司碰到還會打招呼。但我未曾與他一起工作，沒想到他如此奇葩。聽朋友吐槽，才知道成為他的下屬，簡直是一場惡夢。

小貝畢業於清華大學，選擇這家公司是為了工作生活平衡。沒想到到職之後，只有工作，沒有生活。

老闆是一位工作狂，他自己是工作狂就罷了，他逼迫員工也和他一樣每週工作七天。他常常在週末的時候打電話給小貝，讓她做報表。有些事情明明可以等到週一，他非要讓她週末做好。

小貝最怕在週末接到老闆的電話，這意味著她的週末泡湯了，原先安排的活動無法參加。因此每到週末，她的心情就很沉重，因為有一顆不定時炸彈，隨時可以把美好的心情毀掉。

有一次參加活動，她實在不想被老闆打擾，將老闆的號碼加入了黑名單，以為如此可以逃脫老闆的魔爪。沒想到老闆打不通她的電話，叫她的同事打電話給她，讓她去幹活。小貝欲哭無淚。

工作日晚上經常要加班，有時是工作做不完，有時是老闆臨時有了新的想法，立刻讓她去執行。

她一直有健身的習慣，每天都要去健身房運動，但工作之後，連健身的時間都沒有了。有時晚上八、九點離開辦公室，回到家，繼續工作到凌晨一兩點。

她本來視力很好，不戴眼鏡，工作一年之後，眼睛永久性近視，因為夜夜盯著報表裡的數字，眼睛也受不了了。

老闆時常亂發脾氣，工作上出了一個小小的問題，都會大發雷霆，劈頭蓋臉大罵員工，整層同事都可以聽到他的罵聲。如果工作受到大老闆的質疑，老闆立刻把責任推卸到員工身上，讓員工頂罪。然後，再大罵員工一通。

平時在辦公室，老闆一天要到她身後幾十次，幾乎每隔五分鐘就會來找她，打斷她的工作，讓她去做一些瑣碎的事情。連工作範圍外的事情，像報銷、跑腿這樣的事情，老闆都會讓她去做。老闆既把她當下屬，也把她當私人祕書用，因而白天在辦公室，幾乎無法集中注意力工作，工作做不完，只好晚上熬夜。

小貝如此戰戰兢兢工作了一年，心裡無數次想要離職，但終究沒有付諸行動。這次讓她裸辭的導火線是老闆再一次大發雷霆。她在老闆的辦公室聽完訓話，回到辦公桌，頭痛欲裂，怒火中燒，她再也無法忍受這樣的生活了！下午就向老闆遞出了辭呈。

我認識的小貝，原本是一位生活精緻，獨立有主見的女子，入職一年之後，她與之前判若兩人，臉色蠟黃，面容憔悴。工作不僅毀了她的生活，也影響了她的健康。

遞交了辭呈，小貝並不想立刻投入下一份工作。她身心俱疲，想要休息一段時間再重新投入職場。這是她的第一份工作，這一份工作讓她對職場有了心理陰影。

職場新人在選擇工作時，常常更關心公司的知名度、薪酬福利、工作環境，卻未曾關注老闆的工作風格。其實，老闆的工作風格比公司更重要。老闆會直接影響你的工作幸福度，你是否能夠快速成長，其實也與老闆息息相關。跟對一位老闆比公司的知名度更重要。

遇到一位好的老闆，能夠讓你快速成長，也會讓你的職場幸福感提升。

因此，在面試的時候，要去感覺是否和老闆合得來，是否喜歡老闆的工作風格。遇到一位好老闆，真的是看緣分。僅憑面試，很難判斷老闆的工作風格，畢竟，在面試的時候，彼此都會呈現更好的一面。其實，小貝是在他老闆的團隊輪調培訓了三個月，才選擇了那個團隊。在輪調培訓的時候，老闆並沒有在週末找她幹活，也很少加班，等她正式加入了團隊，老闆才露出了真面目。

那遇到奇葩的老闆怎麼辦？方法只有兩個，要嘛忍，要嘛走。

如果你覺得這份工作既能夠讓你成長，對薪水、福利滿意，同事也很好，唯一不喜歡的是老闆，那麼你可以忍，在老闆發脾氣時，左耳進，右耳出。就像與小貝一起工作的另一位同事，她就可以忍受老闆的火爆個性和無理要求。

如果你實在無法忍受，或者你的身體因為工作出現了狀況，那還是離職吧，畢竟，在哪裡不能找到一份發揮我們聰明才智的工作呢。

Part 5

人生不設限：活出不可思議的人生

把更多生命的時光放在有意思的事情上，
活出生命的高度和溫度，才是人生的意義所在。
心境不同，自然生活方式和生命品質也會隨之天差地別。

玩，玩得淋漓盡致；
活，活得不可思議。

人生跌入谷底，該怎麼辦？

你是否經歷過人生就這樣毀了的絕望？看著周圍的人都過得比自己好，到了而立之年，還做著初級的工作，人生毫無希望。

如果你也曾有這樣的想法，這個故事也許會帶給你一些力量；如果你的生活一直不快樂，也許這個故事也能帶給你一些啟發……人生永遠都會有翻盤的機會，危機中恰恰蘊含著轉機。

故事的主角是卡樂，他來自台灣，是三合院能量舒活中心的聯合創辦人、塔羅老師、隱喻故事治療師，用他自己的說法，是「一個說故事的人」。

卡樂曾經歷「人生就這樣毀了」的絕望，三十多年一直過著不快樂的人生。他身上有著怎樣的故事？他是如何走出絕望？請聽我娓娓道來。

卡樂出生於台灣的普通家庭，爸爸是遠洋漁船的輪機長，媽媽是家庭主婦。在一個望子成龍的傳統家庭成長。

從小到大，卡樂就深受「別人家的孩子」的痛苦。父母望子成龍，經常說別人家的孩子怎麼樣。他覺得自己什麼都比不上別人家的孩子，甚至也比不過妹妹。

小時候，媽媽請了家庭教師教他鋼琴，他學得很痛苦，每天哭哭啼啼問：「可不可以不學？」家裡的經濟狀況只能負擔一個孩子學習鋼琴的費用，父母把這唯一的機會給他，結果他不想學。

沒有機會學習的妹妹卻對鋼琴很感興趣，問媽媽她可不可以學。看著哥哥像扶不起的阿斗，媽媽終於決定換成妹妹來學鋼琴。沒想到妹妹在音樂這條路愈走愈遠，後來考上了音樂學院，成了音樂老師。

而卡樂的成長道路卻沒有妹妹那麼順暢。他考大學時，第一次沒考上，重考了一次，上了一個普通的大學。他的英文非常差，第一次考了八分，第二次十二分。他開玩笑地說：「這是飛躍性的進步，從個位數進步到兩位數。」

卡樂從小就覺得自己不夠好，沒有競爭優勢，長期處於不快樂、不如人的狀態。不管自己多努力，都比不上父母口中的「別人家的孩子」。人生總是會因為不如別人而痛苦，這種不如別人的感覺，會讓自己覺得人生毫無希望。

卡樂也曾掙扎著要改變自己的命運。上大學時，看了《窮爸爸，富爸爸》這本書，決定選擇保險作為自己的職業。他認為自己的性格太內向，想要挑戰自己，透過銷售保險的鍛煉，成為外向性格的人。

你可以想像一位跟別人說話就緊張和臉紅的人去推銷保險嗎？在保險公司工作，卡樂的內在自我和外在自我是分裂的，每天活在壓力和責任下，舉步維艱。後來，又遇到金融危機。在這樣的雙重困境下，業績下滑，他被公司開除了。

銷售保險的工作既沒有改變他的命運，也沒有讓他成為受人歡迎的外向型性格。從保險公司離職後，他並沒有找到一份穩定的工作。這期間，他做過幾份不同的工作，有很長一段時間，他需要打零工來維持生計。

他曾在旅行社工作，有一次帶畢業生旅行團到一處遊樂園。休息時，他獨自在一家速食店，回想前一天晚上旅行社負責人跟大家說的話：「在旅遊行業，最好在二十歲之前入行，這樣到了二十五歲就可以自己獨立帶團了。超過二十五歲，我就會建議他轉行，因為完全沒有競爭力了。」

想到這裡，卡樂發覺自己過去浪費了太多時間，彷彿一下子看不到人生的光亮，一切都來不及了，自己的人生已經毀了。他情不自已地在速食店裡大哭了起來。

那一年，他三十歲了。

在人生的低潮期，卡樂不知道自己的人生方向在哪裡，也不知道未來該怎麼辦。

「那時候真的覺得，這輩子就要毀了。」當卡樂說起這一段經歷時，很多細節已經回憶不起來了，也許是因為太痛苦，記憶被封存了，或者大腦選擇了遺忘。

卡樂說：「反而是經歷過『人生就這樣毀了』的感覺，不會那麼害怕了。意識到人生再差也差不到哪兒去，最差也就是那樣的生活。」

古人常說「塞翁失馬，焉知非福」，天無絕人之路，危機中蘊含著轉機。

來到大陸前的最後一份工作，卡樂在一家連鎖火鍋店做服務員。在一次清潔工作中扭傷腳踝。卡樂突然意識到，這份工作不是一個可以發揮天賦的地方。辭掉工作，前方是未知的，可能更好也可能更壞，但他還是在養傷期間提出離職的申請。也恰好是在那段時間，他在讀書會認識的莉蒂亞問他是否願意去大陸跟她一起工作。

卡樂跟隨她來到了上海。他說，上海是他人生的轉捩點。他做著自己喜歡的工作，成為三合院能量舒活中心的聯合創辦人、塔羅老師。

在三合院，卡樂如同破繭而出的蝴蝶，展翅飛翔。

之前在台灣，他從未組織過一場讀書會。來到上海之後，他辦了一場又一場的讀書會。第一次分享時，他提前一個月準備，全身發抖著講完。慢慢地，他可以引經據典，侃侃而談，如今他可以獨立完成一整場讀書會，輕鬆應付任何突發情況。他感受到了巨大的進步，並且發揮了自己的天賦。

他也是古典老師創辦的橙子學院的城市合夥人，他曾有一段時間每天清晨七點半在城市合夥人微信群裡分享不同的想法和觀點，持續了四十多天，也因此被古典老師注意到。橙子學院招募記者團，他是古典老師指名的採訪對象。橙子學院的工作人員汪容稱他為「人類的好朋友」。

在他的分享中，新思想和新觀點源源不斷，他說：「以前看書是因為對現狀的無能為力，用看書進入一個更好的世界來逃避真實世界。沒想到因為以前的積累，反而讓自己有了和別人不一樣的看法，成了自己的獨特之處。」

§

「我們總是與自己的生命對抗。」這是卡樂對過去經歷的總結。

他曾長期與自己對抗。不是外向型性格，卻努力要讓自己合群。在努力合群的時候很不開心。經過多年的掙扎，他終於放棄成為外向型性格，接受了自己原本的樣子。

當你接受了現實，你才會開始思考解決方案。要不然，能量一直耗費在與自己的對抗上，根本想不到去尋找解決方案。

卡樂的人生榜樣是被譽為「窮人的銀行家」的穆罕默德·尤努斯（Muhammad Yunus）。他的夢想是發現每個人的天賦。

卡樂在柯維的《第八個習慣》一書中讀到尤努斯的故事。他的故事讓他明白，我們不需要依賴別人相不相信自己，即使別人不相信自己，依然可以先做起來，用行動來證明自己。

卡樂想要發揚尤努斯的思想，他希望自己能像尤努斯一樣，可以改變人們心中一些固執和偏見。

人生前三十年，卡樂一直生活在不快樂、不如別人的狀態中。如今的卡樂與之前的他形成鮮明的對比。坐在我面前的他，平和而快樂，滔滔不絕，思想的火花四濺，彷彿是「智慧的化身」。

有時候，人生很奇妙。卡樂用一個比喻來形容這種奇妙：最開始，他一直跟在隊伍的最後面，突然之間，好像整個世界喊了一聲「向後轉」，他莫名其妙就排在了隊伍的前列。

也許，你一直過著不如別人的生活，夜深人靜時，常常獨自落淚，忍不住自我懷疑：「我的人生是不是就這樣毀了？」

也許，你只是還沒有遇到適當的契機，人生永遠都有翻盤的機會。當你覺得山窮水盡疑無路之時，也恰是柳暗花明又一村之地。

人生只有一次，要活就活得淋漓盡致

卡門是我在橙子學院認識的朋友，她是第五屆「做自己」論壇的演講嘉賓，江湖人稱「女神經」。

她有著不可思議的人生經歷：曾在亞運會組委會工作，每天從八點半戰鬥到凌晨三點，全年無休；曾自組愛心團隊，三十七天籌款二十二萬元人民幣幫一個孩子植入人工耳蝸；曾練習長跑，三個月完成半馬，十個月完成全馬。

而即將而立之年的她卻任性準備來一場「空檔年（Gap Year）」，一個人跑到了美國生活。

二〇一五年年末，她從床上醒來，俐落地打包自己的行李，花了不到兩小時便收拾好行囊。經過了幾年馬不停蹄的奔波後，她決定放緩腳步，去享受一段獨屬於自己的快樂假期。

一個行李箱，輕裝上陣。

一本護照，瀟灑不羈。

就這樣，在平和又略帶期許的心情下，她踏上了一段自我放逐的千里征程，開始編織起她接近而立之年的故事。

在異國他鄉，在這段如同偷來的歲月光陰裡，卡門隨心所欲地放空自我，欣賞各式畫展，旁若無人的街拍，偶爾心血來潮來趟登山或徒步之旅……

雖然她孤身一人，卻在這趟自我放逐的旅程裡，結識了各行各業有趣的朋友，有律師、會計、玩音樂的，也有小有名氣的美劇作家，還有兼職做健身教練的企業家。

他們來自不同的國度，有著不同的膚色，卻都在各自的領域裡活得精采絕倫，出色又有趣。

卡門笑著說：「被我媽深惡痛絕的『不務正業』在這裡卻成了我結交朋友的首選，要是她知道的話絕對會受不了。」

§

究竟要有怎樣的過去才能造就如此不可思議的人生？

你一定想不到，卡門曾是典型的乖乖女，是一位靦腆膽小的女孩，甚至連大聲說話都不敢，上課被抽到回答問題都會小心翼翼，遇事經常不由自主臉紅。

現在「放浪形骸」似的女神經和以前「謹小慎微」的乖乖女，判若兩人。

昔日的害羞女孩是如何逆襲成「女神經」的？

卡門說，一直到大學畢業前，自己都像是生產線裡製作出來的標準零件，和大部分學生一樣，過著上課、考試的單調日子。畢業進入職場，看著周圍人單調乏味的日復一日，她意識到，如果不做改變，那也許就是自己未來的樣子。從那刻起，「做自己」的想法漸漸在她心裡萌芽。

工作中，卡門遇見了形形色色的人，看見了不同的生命狀態。有過舉棋不定的搖擺，糾結要不要隨波逐流，過著別人認可的生活。她去嘗試那樣的生活，卻發現那不是自己想要的。她不斷向內自省，探索自我存在的意義，終於決定勇敢摘掉生活中虛偽的面具，順從心意，成為那個真正的自己。在往後的時光裡，她將更多的時間和心思花在她想做的事上，努力去成長。

如今，在她身上再也看不到兒時靦腆、害羞、內斂的模樣，取而代之的，是那個敢於突破思維，有著無限想像力和創造力，徜徉在恣意瀟灑生活裡的自己，那個經過一系列突破終於破殼而出、繼而重生的「女神經」。

而這樣的自己，正是她渴望的模樣。

§

我曾想，卡門的父母肯定特別開明，要不然她怎麼會有如此大的勇氣活出自己想要的人生。

我的設想又一次出錯了。

卡門說：「其實，我的父母向來堅持傳統的保守思路，從小教導我好好學習，天天向上，考上好大學，找份穩定的工作，再結婚生子，沿著正常的軌跡生活。所以，在父母眼裡，我是極其不可靠的中二青年。」

為了避免意見不同而產生反反覆覆爭論不休的溝通問題，卡門所採取的策略往往是先斬後奏。

比如，在她二十四歲那年，她決定獨自去歐洲大陸旅行。

那是個秋天，她在啟程前三天才拿到簽證。她早早訂好了來回機票和飯店。父母當然不同意，擔心女孩子獨自在外，萬一遇到危險缺乏自救的能力。卡門再三保證會好好照顧自己，然後拖著行李箱，頭也不回地去西班牙和法國待了大半個月。

很多年輕人，從出生開始，便被動接受父母那一代傳統的價值觀，隨著年齡漸長，開始有了自我意識。卻在不同的價值觀裡猶豫不決、搖擺不定。最終，無法掙脫現實的枷鎖，只能以犧牲自我想法為代價，成了沒有自主意識，只會機械麻木行進在正常軌跡上的「行屍走肉」。

卡門說，活出自我的過程是與父母價值觀決裂的過程。在這方面她會和父母抗爭到底。這不是她和她父母之間單純的矛盾，這是一整個時代裡所有年輕人都會經歷的階段。只不過，和大多年輕人不同，她在這場持久戰裡，堅持自我，酣暢淋漓地實現了真正的脫胎換骨。

但這並不代表關係的決裂。與父母是血脈相連的至親，是永遠不會改變的事實。卡門始終對她的父母保持感恩之心，不論是養育之恩、教導之恩，她選擇以她的方式好好報答。

可她心中的那面明鏡，也時刻提醒著她感恩真正的意義，絕不是你需要在所有的事情上順從父母。要不然，你不過是一個看起來很聽話、很孝順的傀儡而已。而那，才是真正的悲哀。

在決定未來人生的走向上，她一直牢牢把主動權握在自己手中，一步步走得堅挺而踏實。

卡門是一個非常灑脫的人。在她眼裡，房子、車子及一些固定資產，是她的累贅，她一點也不想被那些身外之物束縛。

她說：「我害怕被束縛，任何時間、空間、思想精神上的束縛都會讓我感到窒息。人生這麼美好，應該趁著年輕去多經歷、嘗試不同的人生狀態，去體驗、感悟不一樣的生活。」

人們經常會後悔沒做什麼，但很少後悔做過什麼。於她而言，把更多生命的時光放在有意思的事情上，活出生命的高度和溫度，才是人生的意義所在。心境不同，自然生活方式和生命品質也會隨之天差地別。

玩，玩得淋漓盡致。

活，活得不可思議。

這是卡門的座右銘，願眼前的你，也能活出自我，玩出極致。

去你夢想的方向，過你想過的生活

學生時代，大多數人都過著類似的生活，學習、考試、社團活動，同學之間，彼此的差別並不是太大。

進入職場後，昔日的同學漸行漸遠，走出獨木橋，站在人生的岔路口，每個人做了不同的選擇，開啟完全不同的人生。

事實上，大部分人過著按部就班的生活，只有少部分人遵循內心的意願，過得灑脫又自由。

我的微信朋友圈中，米琪是一位另類，別人努力晒加班以獲得老闆關注，她卻每天晒鮮花，晒她和貓咪的合影，一副歲月靜好的樣子。

我回想起那個夏日與她會面的情景。

七月的高溫，讓上海這座城市陷入滾滾熱浪之中。當我見到優雅端莊的米琪，踏入她親手創建的花園小屋時，彷彿在一望無際的沙漠裡找到了一股清泉，迎面撲來的陣陣花香，讓人在不知不覺間褪去了夏日的灼熱和暈眩。

米琪在創業之前，在外商從事銷售工作，業績好，工資高，擔任銷售主管帶領自己的銷售團隊。出乎所有人的意料之外，在工作的第八個年頭，她決定辭職，放棄原本高薪又體面的工作，在家人極力反對下，毅然走上了漫漫創業之路。

她說：「所有看似光鮮亮麗的東西，其實都有你意想不到的艱辛和不堪。職場是戰場，亦是圍城，之前的銷售工作，幾乎將所有的時間都消耗在出差、應酬和交際上，馬不停蹄、身心俱疲。」而這，並不是她想要的生活。

辭職後，她並沒有立即找到自己想做的事情。她選擇過一種慢生活，去嘗試不同的事物。她學習插花、品茶、繪畫。在一次插花課上，她發現自己全身心投入，並感受到了內心的寧靜和平和。插花讓她從快節奏的都市生活中得到了解脫。

冥冥之中，她感覺未來的事業也許與插花有關。她細細回顧自己的特長和愛好，從小就熱愛畫畫，對藝術和審美有著獨特的天賦，大學時的專業是藝術設計，只是畢業後因工作關係擱置了。當你找到自己所愛的東西，你會發現，過往人生的點點滴滴都可以串聯起來。

她靈光一閃：何不開創一家文青風的花藝店？這既是自己喜歡做的事情，又可以重拾過去的愛好。當有這個想法時，她翻來覆去失眠好幾夜，就像男孩終於遇到了心儀的女孩，在表白與否之間糾結、緊張又興奮。

機緣巧合，經朋友介紹，一家影城的老闆想在影城一隅開設花鋪，並提供一年的免租期。米琪抓住了這難能可貴的機會，勇敢邁出了創業的第一步。

不到一個月的時間，她的花藝店就開張了，從採購到花店的布置，全由她一個人搞定。一個人經營一家花店並不容易，甚至比之前的銷售工作還要忙。每天凌晨四點起床，去花市採購鮮花，親自挑選高品質的花朵。每天至少花費四個多小時，去尋找其他有特色的花店和供應商。每日研讀花藝雜誌，做筆記、找靈感、出設計。

回想起創業初期的時光，她不禁感慨，那是第一次感覺到一個人的時間和精力是多麼有限。

「有想過放棄嗎？」我問。

「從來沒有。雖然忙碌，但我做著自己喜歡的事，過著喜歡的生活。每天都過得很充實。我喜歡這種掌控感，生活完全按照自己的意願進行。」

米琪現在不僅得以成全自己，也正試圖透過花藝一點點編織著花園小屋的夢想。她希望人們來到這間溫馨的屋子，可以摘掉偽善的面具，卸下沉重的壓力，賞花鑒花，身心安寧，大腦得以思考或放空。

她說，「選擇花藝創業，不過是想在快節奏的生活裡，放緩腳步，回歸過去，更能邁向未來。」

她的花園小屋裡，有她親手製作的永生花，有造型精緻的鮮花束，也有品牌專屬的紙袋，進入花店，那顆浮躁的心就會安靜下來。

她說：「世界從來沒有像現在這麼匆忙，我不想改變世界，只想為忙碌的生活注入一股舒緩療傷的清泉。」

米琪正創造著自己喜歡的生活，完全按自己的意願過一生。

人生並沒有唯一正確的道路，每個人都可以選擇不同的方向。生活亦是如此，並沒有一種統一的標準，我們並非只是生產線上的產品。生活為我們提供了多種可能性，每個人都可以選擇自己喜歡的生活方式。

§

朋友沈小怡，曾是證券行業一名小資金融女，從業幾年後，辭去了令人羨慕的高薪職位，做起了小怡私房菜，在廚房這片小小天地之中大展拳腳。

我的太極拳師傅李大爺，從菸草公司退休後愛上太極拳，每天早晨四點多起床去公園打拳，他平時沒事吹吹葫蘆絲、研究食譜、自學影像處理、剪輯影片、研究周易和中醫……退休生活過得風生水起。春節一起吃飯時，他跟我聊最新的量子物理。

大衛是公司的高階主管，工作之餘喜歡做木工。後來，他辭去了主管職務，成了一名木匠。他喜歡撫摸著紋理清晰的木材，一絲不苟，將心注入，像藝術家一樣創作著自己的木製傢俱。

托尼是朋友在夏威夷遇到的一位警衛大叔，他曾是矽谷一家高科技公司的高級工程師，卻放棄矽谷的工作，來到夏威夷做警衛。他喜歡夏威夷的生活，喜歡在沙灘上曬太陽，在海裡衝浪。

摩西奶奶曾說：「真正的愛自己，不是犧牲時間和精力去打拚輝煌的未來，而是在當下，努力去做自己喜歡做且有趣的事情，讓自己的內心充盈著喜悅，讓現在的每一天，都以自己喜愛的方式度過。」

我們都有權利去做自己喜歡的事情，以自己喜歡的方式過一生，讓每一天的生活都過得精彩而豐盈。

像王小波說的：「一個人只擁有此生此世是不夠的，他還應該擁有詩意的世界。」

人生只有一次，我們要有勇氣和力量，去夢想的方向，照自己的意願，過自己想要過的生活。

先學會輸，才有機會贏

認識宋依霖，是因她參加了我組織的「二十一天愛上寫作訓練營」。她是職業高爾夫球運動員、國家運動員、二〇一五年海南公開賽冠軍。

她外表青春靚麗，有幾分神似陳喬恩，內心有著超出同齡人的成熟和睿智。她是我朋友圈裡第一位冠軍運動員，我忍不住採訪了她。

宋依霖出生於運動世家，爸爸是體操愛好者，伯伯是田徑運動員，伯母是射擊運動員，堂哥是羽球運動員。

她從十四歲開始練習高爾夫，花了六年的時間就從業餘轉為職業選手，並且成為國家級運動員。她的練習時間不是最長的，卻是進步最快的球員之一。

你一定想不到，進步如此神速的依霖，一開始特別討厭練球。

十四歲時，爸爸幫她報名了高爾夫培訓，開啟了漫長高爾夫之路。對於十四歲的依霖來說，練習高爾夫簡直就是苦差事。每次爸爸去學校接她，她都會躲在教室裡，不願出來。

如果宋依霖一直討厭練球，她肯定不可能取得現在的成績。讓劇情反轉的是一部電視劇《高爾夫選手之花》，讓小小年紀的依霖愛上了高爾夫。

「為什麼看了這部電視劇後喜歡上高爾夫？」

「電視劇中高爾夫運動員穿的衣服很好看，很酷。我想，如果我打高爾夫的話，我也可以穿這麼漂亮的衣服。」對於十四歲的小女孩來說，沒有什麼比穿漂亮的衣服更有誘惑力了。

§

《異數》這本書中有這樣一個觀點，想要成為某一領域的高手，必須經過一萬小時的練習。從十四歲練球至今，依霖早就積累了一萬小時的練習。

她每天的訓練時間長達十二小時。晴朗的日子，從早晨六、七點開始，一直到天黑。下雨的日子，在室內練習，從九點開始一直到晚上。

我問依霖：「每天練習，會不會覺得枯燥？」

「當然會。」

她曾在文章中寫道：「前一天厭惡讓人壓抑的擊球，第二天卻樂在其中，討厭與喜愛，不斷切換。長年累月的練習，怎麼會不枯燥呢？每天在草坪上，一個人對著球洞，不斷揮桿，每天幾千次的揮桿，一年三百六十五天不間歇的練習，冠軍之路，充滿著艱辛和汗水。」

練習基本功，是通往高手的必經之路。《用對腦，從此不再怕數字》的作者曾說：「我們能成為頂尖選手並沒有什麼祕訣，而是對可能是基本技能的東西有更深的理解。每天都要學得更深一點，而不是更廣一點，因為學得更深可以將我們潛力中那些看不到、感受不到但又極具創造力的部分挖掘出來。」

每日的刻意練習，就是要把基本的技能練習到爐火純青的地步。

除了扎實的基本功，依霖認為心態也很重要。她說：「**先學會輸，才有機會贏。**」有些一起練球的朋友一開始打得很好，遇到一點挫折就無法忍受，自暴自棄，泡夜店、酗酒，最後放棄了打球，帶著遺憾離開了球場。

對於運動員來說，**失敗的經驗比勝利更有價值，每次從失敗中痊癒或從一場敗戰中走出來時，都會讓自己比之前變得更好、更強大。**

宋依霖曾在自己的微博寫道：「一個人的內心強大，其實都來自於他經歷過的事情、愛過的人、走過的路。每一次失敗都是成長，不必太糾結於當下，也不必太憂慮未來，當經歷過一些事情的時候，眼前的風景已經和從前不一樣了。」

宋依霖勉勵自己，高爾夫球比較花費時間，堅持到最後的才是贏家。不管遇到什麼困難，都要堅持打下去。要像美少女戰士，屢戰屢敗，屢敗屢戰。

§

宋依霖在十四歲時就定下了目標，要成為職業高爾夫球運動員。可是這五、六年來，漫漫業餘路，總是和冠軍失之交臂。

她曾參加了無數次高爾夫球賽，最開始一直被淘汰，直到二〇一五年，她才獲得人生第一個業餘公開賽的冠軍，為她的業餘比賽畫上了圓滿的句號。這期間的挫折和困難，可想而知。但面對如此多的壓力，她卻能淡然處之。

她說這要得益於她接觸的第一本心理學書籍《心理學》。壓力與動力，冠軍與敗者，有時只是一念之間。做最壞的打算，抱最好的希望，盡最大的努力，才能活出好的自己。

成為高手的路上，遇到瓶頸也很正常。依霖坦言，她現在就處於瓶頸。剛剛從業餘轉為職業運動員，球技沒有特別出色，上不去也下不來。

尤其是前兩個月，狀態很不好，出去參加比賽都會被淘汰。教練說：「沒有一個運動員一開始就打得好。做好當下該做的事情，機會自然就會找上來。」

她慢慢調整自己的狀態，做好自己該做的事情。如教練所說，機會自己找上門來了，她入選了國家隊集訓的名額。她的目標是參加日本巡迴賽和美國巡迴賽。

§

除了高爾夫球，閱讀也是宋依霖的最愛。二十一歲的她已經有三百多本藏書，這些書她都看過。雖然打球訓練日程安排得很緊，她依然每天抽出固定的時間來閱讀。每天早晨閱讀一小時，晚上閱讀一小時。有時，是在打球休息的時候，也會在草坪上閱讀書籍。

她說：「其實生活很簡單，十四支球桿、一家書店、一杯咖啡、一個目的地，並且帶上自己的夢想，我就能穩穩地出發。就算遇到再大的困難，隨便找個書店、咖啡館，坐一整天，假裝之前什麼都沒有發生過一樣。」

與依霖聊天的過程中，發現她是一位內心淡定的女孩，有著比同齡人更深刻的洞見。她也是琴棋書畫樣樣精通的女子。四歲開始學習圍棋，六歲學鋼琴，七歲練習書法，十歲習國畫，從小是一位藝術生，練習高爾夫之後，才轉為體育生。

最近，她還喜歡上了古文，在看《了凡四訓》，背誦四書五經。她也喜歡寫作，她想用一種特別的方式記錄和整理自己的思緒，希望有一天自己的文字能刊登在屬於自己的人物傳記上。而她的夢想是獲得大滿貫，開一家自己的書店。

「成功之花，人們往往驚羨它現時的明豔，然而當初，它的芽兒卻浸透了奮鬥的淚泉，灑滿了犧牲的血雨。」冰心的這句話具體說明了冠軍之路的艱辛。

雖然平凡的我們幾乎沒有機會成為國家冠軍，但我們依然可以從冠軍身上學到他們堅韌不拔的精神、刻苦練習的耐力，以及寵辱不驚的狀態。

我們都可以成為自己人生的冠軍。

你愛不愛自己，只看這三點

週六，花生與同學聚會，不在家吃午飯，我因為晚上有線上分享，在家準備分享內容，沒有跟他一起去參加聚會。

一直忙到十二點半，才想起要吃午飯。我燒開水煮了麵條，隨便湊合著吃。當我在煮麵條時，突然想到，每次花生不在家，我都是煮麵條吃，幾乎未曾為自己做過一頓可口的飯菜。

如果花生在家，我會特地多做幾個菜，燉個排骨，蒸條魚什麼的。他不在家，自己就懶得做了，連炒菜都嫌麻煩。

生活中，我們常是如此。有好友來家裡，會特地把家收拾乾淨，買了一堆的菜，不辭辛苦地做一桌子菜。工作日，穿著幹練的套裝，化著精緻的妝容，去公司上班，想要給老闆和同事留下好印象。週末要是不出門，就穿得邋邋遢遢，隨便挽個頭髮，在家裡遊蕩。

很多事情，我們都是為他人而做，卻很少考慮自己的需求和喜好。我們口口聲聲說要做新時代明媚而獨立的女性，卻連愛自己都做不到。

你愛不愛自己，只看三點就夠了。

一、你是否願意為自己做一頓可口的飯菜？

我從七歲左右就開始做飯，有十幾年的歷史了，記憶中卻想不起哪次單獨為自己做過一頓可口的飯菜。一個人在家時，總是隨便找點吃的就打發過去。

在微信群裡，也看到一位女性朋友在群裡吐槽，一個人在家，懶得做飯，準備叫外賣。也許，這是女性的通病，一個人在家，就是懶得做飯。

閨蜜在外商工作，需要世界各地出差。有一次，跟她微信通話，她恰巧在做飯。我好奇地問：「你在做什麼呀？」她說：「在燉蓮藕排骨湯。」我說：「就你一個人吃嗎？」她笑了一下，說：「是啊，在這裡沒人跟我一起吃晚餐。」

我頓時羨慕起她來。如果我自己一個人吃飯，是絕對沒有心思給自己燉個蓮藕排骨湯的。

女性時常被教導「抓住男人的心，先抓住他的胃」，我們愛自己，也要先抓住自己的胃。有那麼多女性，為家人做了一輩子的飯，卻不願意為自己做一頓可口的飯菜，你是有多不愛自己？

二、你是否關注自己的健康？

花生的公司因為連年擴編，新租了一層辦公室，剛裝修完畢。在搬進新辦公室之前，公司發給員工空氣品質檢測報告，各種有害氣體，尤其是甲醛是合格的。最近，一部分人搬進了新的辦公室。

入駐新辦公室後，就有同事自己帶了甲醛檢測儀來檢測。有些時間段，甲醛檢測儀會顯示甲醛超標。

花生得知新辦公室有時甲醛會超標，自己一個人搬回了原來的辦公室。

晚餐時，我們邊吃飯邊聊天。當我得知他一個人搬回去，我的第一反應是：「就你一個人搬回了原來的辦公室？有人跟你一起嗎？」

花生答：「沒有，就我自己。」

我又擔心地問：「那你老闆不管你嗎？會不會給老闆留下不好的印象？」

花生理直氣壯地說：「甲醛超標了，我還待在那個辦公室幹嗎？」

我說：「可是，別的同事也沒有搬啊，就你一個人特別。」

花生說：「你管別人幹什麼。」

我知道，如果換作是我，絕對不敢獨自一人搬回原來的辦公室。

我心裡想了想，自己為什麼不敢？因為怕特立獨行，別人都不搬，就你一個人搬。也因為怕給上司留下不好的印象……我想了一堆理由，最後發現，竟然都是在考慮他人的看法。我唯獨沒有想過，甲醛超標對身體的影響。

前段時間，在微信群裡看到一個募捐提議。三十歲左右的青年男子，因為腦幹出血被送往醫院，搶救無效，遺憾離世，留下剛來到世界兩天的孩子、虛弱的妻子，還有年邁的母親和病床上的父親。他是清華大學畢業的學霸，任職於某證券公司，儘管工作很忙，依然抽出時間學習和充電，工作之餘，還報名和君商學院學習商業知識。

「猝死」這個詞，對於我們來說早已不陌生。我們常在新聞中讀到類似的故事，每次讀完都唏噓不已，可是，沒過多長時間，又忘記了當時的唏噓，恢復到原本忙碌的生活。

我們每天匆匆地趕路，為了更加美好的生活而奮鬥著；我們的腦海裡想著金錢、名利，唯獨沒有健康。我們如此拚命，到底是為了什麼？

連身體都照顧不好，又有什麼能力去照顧自己愛的人。我們連關愛自己的健康都做不到，怎麼好意思說愛自己？

三、你敢不敢傾聽內心的聲音，活成自己想要的模樣？

你這個髮型好難看！

這件衣服一點都不適合你！

你怎麼還沒有男朋友？

工作都給你安排好了，你就安心在縣城上班好了，去什麼大城市，大城市有家裡舒服嗎？

在生活中，我們會面臨很多質疑的聲音，告訴你不要做這個，不能做那個，也告訴你要聽他們的話，按照他們的安排生活。

你滿足了所有人的願望，你按照他們的意願生活，卻忘記問自己喜不喜歡這樣的生活？在笑臉的面具下，你在過誰的生活？

你要努力使自己滿意，而不是他人。

順從他人的想法要比找出我們自己真正想要的更容易。但是，你願意一輩子按照別人設定的路線生活，活成別人的樣子嗎？

愛自己，就要活出自我，而不是成為他人的傀儡。世界上只有一個獨一無二的你，如果你活成了別人的樣子，世界上豈不是少了一個你？

活成他人的樣子很簡單，活出自我很難。如果你足夠愛自己，你願意讓自己成為別人的翻版嗎？

我們要先學會愛自己，才有能力去愛別人。我們總是把別人放在心上，等著別人來愛自己，殊不知，連你自己都不愛自己，又怎麼能奢望別人來愛你？

給自己做一頓可口的飯菜，關愛自己的健康，聽從內心的聲音，活成自己想要的模樣，做個愛自己的女性。

唯有最愛自己，才能得到全世界的愛。

畢業十年，你過著自己想要的生活了嗎？

微信朋友圈中，有人提到我，然後看到這樣一段文字：大一時有個妹子問我，你們北方的山為啥都光禿禿的，好難看噢，現在，快十年了，它居然還是那麼禿……

我看到她轉發了大學校區的全景圖，在下面留言：哎，居然快十年了，我們都變老了，山上的樹還沒有長好，時光都去哪了……

說那句話的是我，十年前，從未離開縣城的我，第一次坐火車，就去了遙遠的北方，去了老舍筆下《濟南的冬天》的城市。從小生活在山清水秀的江南，我所熟悉的山都是樹木茂盛、鬱鬱蔥蔥的山。來到北方，進入校園，見到環繞著學校的那光禿禿的山，甚是好奇，說了上面那段話，至今還是北方同學口中的笑料。如今，我早已回到了南方，在北方生活的四年，感覺像夢一般不真切。

轉眼間，居然快十年了，十年前，我十八歲，帶著對未來的憧憬，來到了大學校園。大學畢業之後，回到了南方，在杭州生活了三年，然後又來到上海工作。

高中畢業居然快十年了，我們過上了自己想要的生活了嗎？

同宿舍的閨蜜在下面留言：十八歲的時候絕對不會想到快二十八歲的自己是現在這個樣子。曾經一直以為當我二十八歲的時候，已經各種燦爛奔放收穫呢……

她的留言道出了我的心聲。十八歲的我，無法想像十年後的自己是如何的光景，但心裡總是憧憬著十年後的自己，該是有著美好而幸福的生活，有著體面的工作；該是能夠遊刃有餘處理各種事務，穿著光鮮亮麗的衣服穿梭在摩天大樓的女子。

彈指間，十年過去了。十年時間，足以物是人非。

十年前，閨蜜親密無間，約好一起結婚生子，見證彼此的人生。

十年前，我們三人彷彿是連體嬰，一起上課、吃飯、去圖書館。我們無話不談，一起花痴、一起犯傻、一起折騰，一起在青春的歲月裡開懷大笑，一起在青春的愛情裡傷心落淚。夜深人靜的促膝長談，我們約好，一起結婚生子，即使分離，也要常常見面，見證彼此的人生。

十年後，卻各奔東西，難得相聚。我們三人，一個在北京，一個在上海，一個在新加坡。回想起來，上一次三個人的相聚是在二〇一四年，她們倆一起來上海玩。而當時的我，工作日要上班，週末又忙著其他事情，只抽出了半天的時間陪她們吃飯、逛街。現在想起來，甚是遺憾，下一次三人相聚不知是在何年何月。

年輕的時候，總覺得來日方長，可日子卻過得比我們想像中快得多。

§

十年前，牽著戀人的手，以為會執子之手、與子偕老。十年前，在校園裡相遇、相知、相戀。兩個陌生的生命，在青春裡匯合，成為彼此生命裡最親密無間的人，我們交換著過去生命的點點滴滴，一起暢想著未來的生活。我們牽著手，走遍校園的每一個角落；我們肩並著肩，丈量著城市的大街小巷……我的笑靨倒映在你的眼裡，你的容顏鐫刻進我的心裡。我們付出了全部的愛，談著一場無關物質、無關世俗的純潔愛情。我們天真地以為會愛到天荒地老，會結婚生子相守一生。

十年後，我們各自在不同的城市，老死不相往來。彷彿是平行線的交匯，我們在大學的校園裡相遇。離開之後，分道揚鑣，就像從未相遇一般，在各自的城市默默打拚著，卻不知道彼此的任何資訊。只留下相遇時點點滴滴的甜蜜回憶，在看各種青春題材的影片時，淚流滿面，泣不成聲。

是啊，我最終也沒有和年少時的戀人走到最後，儘管當時的我們，覺得畢業就分手是多麼的不可思議，篤定認為這種事不會發生在自己身上，我們會一直走下去，直到天荒地老……

十年前，幻想著長大之後，自己應該化著精緻的妝容，有著曼妙的身姿，踩著高跟鞋，穿梭在摩天大樓之間。在青春的歲月裡，總是期盼著快快長大，長大了就可以過自己想要的生活。長大了就可以像偶像劇裡女主角一般光鮮亮麗。在青春的歲月裡，總覺得三十歲的女士應該很成熟，能夠雲淡風輕應對各種複雜事務。應該有著「寵辱不驚，看庭前花開花落；去留無意，望天空雲卷雲舒」的心態。

十年後的我，卻依然是不施脂粉，踏著平底鞋，腳下生風，天天小跑著去地鐵站，在早晚尖峰時段的地鐵裡動彈不得，在繁華的城市夾縫中生存……沒有了小蠻腰，取而代之的是愈來愈胖的身體和慘不忍睹的水桶腰……如今的我，成為外商的小白領，卻沒有成為想像中雲淡風輕處理各種事務的女子，面對各種情況依然手足無措。

青春年少的我們，總以為大人是萬能的，他們可以毫不費力的處理各種棘手事務，如今，自己到了大人的年齡，才知道，大人們被各種生活現實裹挾著。

村上春樹說，你要做一個不動聲色的大人了。不准情緒化，不准偷偷想念，不准回頭看。去過自己另外的生活。

可是，內心裡住著的依然是個實實在在的孩子，害怕做不好事情，面對複雜的事務焦頭爛額，時常希望能有英雄式的人物出現在面前，幫助自己解決所有困難。會情緒化，會偷偷想念，會想要過另外的生活……

§

回憶和想像總是美好的，而現實卻是千瘡百孔。

十年前的我未曾預想到十年後的自己會在哪裡，和誰結婚，做著怎樣的工作，有著怎樣的生活，十年太長，誰又能預料？

大學畢業，看到某位朋友的 QQ 簽名：我們終究會過上自己想要的生活。現在的生活，是十年前的自己想要的生活嗎？十年後，我沒有那麼光鮮亮麗，卻多了一份篤定和從容。不敢說多麼喜歡當下的生活，但至少是心安的。

十年前的自己，一個人孤身來到北方，有漂泊，有溫暖，有愛情，但那彷彿是很久很久以前的事情了。如果七年就是一輩子的話，十年前的生活就是上輩子的事。

上輩子或喜或悲，都已經是過去式。這一輩子，我想要過好每個日子，或平凡，或跌宕。也許，下一個十年，我又會過著另一種生活，但依然希望是自己喜歡的生活。

也許，很多人都和我一樣，十八歲上大學的那年，拖著行李箱，第一次離開家鄉，而後在各個城市輾轉，甚至定居。

畢業十年，你過上自己想要的生活了嗎？

不必羨慕別人，自己亦是風景

在微信群裡拋了一個問題：「你羨慕別人的生活嗎？」安靜的微信群立刻出現踴躍的回應。

A回答：「當然羨慕了。我最羨慕自由業者，時間完全由自己掌控，還有不菲的收入。」

B說：「羨慕別人的老公，又帥又多金。」

C說：「小時候很羨慕鄰居家只有兩兄妹，現在她媽媽很羨慕我們有四兄妹。」

D說：「你站在橋上看風景，看風景的人在樓上看你，就是這樣的感覺。其實沒必要羨慕別人的生活，每個人都有自己的喜怒哀樂，重要的是過好自己的日子。」

E附和：「近處無風景，樹葉都是對岸的綠。」

……

我們過著一種生活，心裡卻在羨慕另一種生活；總覺得自己的生活平淡無聊，心中羨慕的是光鮮亮麗的另一種生活，內心蠢蠢欲動，想要立刻逃離當下的生活，進入另一種生活，就像兩條平行線，從這一條線跳到另一條線。

可是，世間哪有完美的人生？你只看到了別人光鮮亮麗的生活，卻看不到她背後心酸的故事。

曾在大眾面前消失了十幾年的倪萍，最近參加了《朗讀者》節目錄製。人們不禁感歎：倪萍怎麼老得這麼快？倪萍曾是家喻戶曉的主持人，先後主持了十三屆春節聯歡晚會。而如今在《朗讀者》的舞台上，她身形發胖臃腫，面容布滿皺紋，穿著寬大的棉麻質地衣服，外加一雙平底鞋。在《朗讀者》現場，她平淡地講述自己因兒子身患先天性白內障而離開央視，為了讓孩子治病，她一度傾家蕩產，甚至準備賣掉自己的房子。她說：「這些經歷使我變得堅強，我很感謝這些苦難。」

我們都羨慕那些位高權重的名人的生活，殊不知，他們的生活壓力更大，他們背負著名聲，生活過得並沒有普通人那麼逍遙。

諾貝爾獎得主崔琦在接受楊瀾採訪時，面對楊瀾的問題：「有沒有想過如果當年母親沒有堅持把你送出來讀書，今天的崔琦將會怎樣？」

他回答：「其實我寧願是一個不識字的農民。如果我還留在農村，留在父母身邊，家裡有一個兒子畢竟不一樣，也許他們不至於餓死吧。」

他的成就、地位、名譽，有多少人羨慕？但諾貝爾獎也好，科學的成就也好，都不足以彌補他失去親人的痛苦。時光如果能夠倒流，他寧願選擇成為一位陪伴在父母身邊的農民。

高貴端莊的英國公主安妮，是多少女人心中羨慕的對象。而穿著高跟鞋，驕傲的將自己的側臉呈現在鏡頭中的安妮公主，卻渴求著另一種在土地上奔跑的生活，不滿足於被設定的好的人生。在她優雅的背後，是一生被禁錮在皇家禮儀之中，被巨大名聲和皇室規矩束縛，她並沒有我們想像中那麼幸福。

有人說我們的眼睛是用來看別人的，因而，看不見自己。誠然，我們如同自己生活的瞎子，只看見別人擁有的，卻看不見自己所擁有的。

不必羨慕別人的生活，你所羨慕的人，或許也正在羨慕你的生活。

§

曾與同事一起去敦煌旅行，坐在敦煌山莊的摘星閣，一邊喝著茶，一邊看著廣袤的沙漠，聊起彼此的童年。

同事說，她希望來生變成一棵樹，能夠靜靜佇立著，欣賞大自然的美。她酷愛旅行，利用假期去世界各地看不同的風景。她很羨慕從小生活在大自然懷抱中的孩子，可以親密地與大自然接觸。她在鋼筋水泥的大城市上海長大，小時候，家門口唯一開出豔麗花朵的只有一棵石榴樹。某天石榴樹被牽引機撞倒了，從此，家門口再也看不到「翠綠生煙，猩紅鬥秀」的石榴花了，她為此偷偷哭了好幾回。

同事的女兒，生活在上海，直到六歲才見到活蹦亂跳的雞，一直追著跑。在城市裡，她只見過冷凍雞或是餐桌上的雞肉。

表姐的女兒常年在杭州生活，只有過年時才會來到農村。每次到農村，她都非常開心，喜歡在田野裡奔跑，像一匹脫韁的野馬。她常對表姐說：「媽媽，我要是出生在農村，我會更開心。」

我從小生活在農村，小時候玩水、捉螃蟹、爬樹，在大自然的懷抱裡成長。春天在田野摘野花，灌木叢中摘覆盆子；夏天去池塘裡釣龍蝦，河邊捉螃蟹；秋天去樹叢中摘金銀花，果樹上摘桃子；冬天在雪地裡打雪仗、堆雪人。

來到城市之後，我一直羨慕出生於城市的孩子。農村的孩子要多努力才能來到城市，想要在城市立足得有多難。農村孩子費勁全力所達到的極限，只不過是城市孩子的起點。他們有著先天優勢，不需要多努力，就可以擁有令農村孩子羨慕的資源。

我卻未曾想到，城市的孩子也在羨慕農村的孩子的生活，那種在大自然懷抱中自由自在奔騰的幸福。

在敦煌的陽關，腳踩千年古蹟，感慨萬千。夕陽下策馬奔騰的少年無拘無束在古道上馳騁。我們不禁羨慕起他的自由奔放，而他或許也羨慕我們在大都市的生活吧。

我們總是嚮往自己沒有過的生活，以為那樣的生活一定比現在更好。當費勁全力，終於過上了曾經羨慕的生活，日子還未溫熱，卻又開始羨慕另一種生活。在追逐和羨慕中，蹉跎了歲月，最終卻發現，不管是哪種生活，都會有遺憾。

人生只有一輩子，不可能嘗遍所有的生活方式。學會欣賞當下的自己，享受當下的生活。擁有這樣的心態，不管是哪種生活，每個日子都不會白過。

所以，你不必羨慕別人的生活，每種生活都有各自的酸甜苦辣，每種人生都有各自的遺憾。

過好眼下的生活，踏踏實實過好每一天，這是我們用心就可以做到的事情。

活著的每一天都是特別的日子

那是尋常的一天，我已起床，在小臥室寫文章，先生還在睡夢中。到了八點，我來到廚房做早餐。

先生接了一個電話。平常的清晨，很少接到電話。

先生接完電話，沉默不語，我覺得氣氛不太對。來到臥室，看到先生哭紅的眼眶。

我問：「怎麼了？」

先生說：「大姨走了。」

我一下子愣住。大腦高速運轉，處理這句「大姨走了」。

看著先生的眼睛，我知道，這不是開玩笑，是真的。

「發生了什麼事？」

「出車禍了。」

「什麼時候？」

「今天早上四、五點。」

對話結束。

我們快速收拾衣物，買車票回家。出發之後，才各自發郵件向老闆請假。

§

大姨送給我們的花生，還晾在陽台上。此刻，她卻離開了人世。

去年，她來上海，曾來我家。她與我聊天時，我正趕時間忙著網路課程的作業，有些不耐煩地敷衍著。而此時，她卻已駕鶴西歸。

大姨去世時，她的丈夫和三個孩子都不在身邊，沒有留下任何遺言，甚至來不及和親人道別。親人們的號啕大哭，她也聽不見。

婆婆在給大姨整理遺物時，發現沒幾件是她自己的衣服，都是別人的舊衣服。婆婆歎氣道：「一輩子捨不得吃，捨不得穿，現在好了，一了百了。」

「愈老愈糊塗，現在誰還過煎餅就白開水的日子？」婆婆一邊說，一邊抹眼淚。

表姐們一邊忍受著喪母之痛，一邊還要照顧幼小的孩子。四、五歲的孩子，還不知道外婆去世是一個什麼概念，在院子裡遊戲。我看著表姐們的掙扎，前一秒還在大姨的遺體邊哭泣，下一秒，孩子哭鬧，又需要泡奶餵孩子。

離世與孕育就在同一時間發生。

我看著大姨的遺體，鐵青的臉，一動不動躺在那裡。這是我第一次見到遺體。死去的臉，沒有任何生氣，如此陌生，與生前完全兩樣，我甚至無法將眼前的臉與大姨生前的臉聯繫起來。

我很怕黑，怕看恐怖片，從不看鬼片。因為我害怕晚上起夜，腦海中浮現恐怖的鏡頭會把自己嚇到。看了大姨的遺體，我卻沒有害怕。這是熟悉而親近的人的遺體。

人真的很難預料自己的生命會在何時終結。就像那句：「明天和意外，你永遠不知道哪個會先來。」

大姨家剛建了新房，她連一天都未曾入住。她滿懷希望地要給二女兒準備婚禮，要給兒子籌備訂婚。而如今，只留下滿滿遺憾。

她的一生，為孩子操勞，未曾有過一天舒坦的日子。她就這樣赤裸裸來到世上，又赤裸裸離去了。

§

死亡，其實離我們並不遙遠。當人生跨入中年，會愈來愈頻繁地面對死亡這件事。二〇一六年，我耳聞了不少意外死亡的事件。

姐夫的親戚，正準備著從新疆飛回浙江，卻在機場的洗手間裡突然去世了。

朋友的母親，在美國生活，回國探親。在飛機上突然逝世。

同事的高中同學，體檢時查出癌症末期，生命只剩下最後一個月的時間。一個月的時間，還沒有準備好面對死亡，卻只能憾然離世。她的孩子才四歲，來不及看著孩子成長，她就匆匆離開了人世，還有那麼多事情沒做，人生該有多遺憾啊。

當我聽同事講這個故事時，我不禁想，假如我的人生只剩最後一個月的時間，我最想做什麼？無論我怎麼想，我都會覺得如果一個月後離世，我的人生會充滿遺憾。

雖然我們都知道，死亡終將會來，誰都有這樣一天，內心裡，卻一直認為死亡很遙遠。即使是見證了親人的離世，過了一段時間，痛苦的記憶會淡去，日子又開始日復一日循環。

把每一天都當作人生最後一天，話雖這麼說，但自己卻做不到，因為，我們的內心認為死亡還很遙遠，日子像海水一般取之不盡、用之不竭。

如果說，死亡是指在這個世界消失，那麼，在我們的世界，死亡時常發生。有些人，走進你的世界，然後又在你的世界消失，就像是死亡一樣。

我們一路前進，一路失去。

所以，珍惜每一次會面，因為不知道下一刻，是否會在茫茫人海裡走散，一輩子

不再相見。每一次相聚，都該當作是最後一次。

§

在平常生活中，我們總想著把好東西留到特別的日子才捨得用。有些時候，永遠也等不到那所謂特別的日子。就像大姨，總想著等兒子結婚，再入住新房，卻沒料到意外死亡，一輩子都沒有機會入住新房了。

莫言在《生活本該如此》中，也寫了這樣一個故事。朋友的太太去世，在整理衣服時，發現一條雅致、漂亮的名牌絲質圍巾，高昂的價格標籤還掛在上面。他太太一直捨不得用，想等一個特別的日子才用。朋友說：「再也不要把好東西留到特別的日子才用，你活著的每一天都是特別的日子。」

我們總是在等待著一些特別的日子，等待著那天的到來，我們盛裝打扮，彷彿人生的所有歡樂和幸福都可以集中在那一天。

買了一件雅致的衣服，收藏在衣櫃捨不得穿，等著一個特別的日子再拿出來穿。

買了一套精緻的瓷具，放在櫃子裡捨不得用，留到一個特別的日子再拿出來用。

想去一個地方旅行，卻有各種各樣雜事纏身，總想著要等到某一天，有空閒的時間再去。

……當新衣成了舊衣，當瓷具落滿了灰塵，當身體不再年輕，那個特別的日子卻從未到來。

再也不要把好東西留到特別的日子才用，活著的每一天都是特別的日子。

人生不是由一個個狀態構成的，而是由一個個日子構成的。如果每天的日子是荒蕪的，那麼人生也必然是荒蕪的。

每一個日子，逝去之後就永遠逝去了。活著的每一天都是特別的日子，將每一天的日子都過得熱氣騰騰。

跳舞吧，像沒有人在看一樣。

去愛吧，像不曾受過傷一樣。

唱歌吧，像沒有人在聽一樣。

工作吧，像不需要錢一樣。

生活吧，像今天是世界末日一樣。

三十歲，美好的人生才剛剛開始

三十歲的腳步愈來愈近，我惶恐地想要逃離。我多麼希望能夠轉身進入時光隧道，回到二十歲出頭的時光。或者，有不老的時光機，讓我永遠停留在二十七、八歲的樣子。

當歲月的指針劃過二十五時，我就開始為即將到來的三十歲恐慌，彷彿有一塊巨石壓在胸口，讓我喘不過氣來：「我快三十歲了，我快三十歲了……」

無數次，心裡默默自責：快三十歲了，還什麼都沒有，事業平平，生活一般，甚至沒有拿得出手的成績。我像一條八爪魚，沒有方向，看著身邊出現的機會都想抓住，到頭來卻什麼也沒抓住。臨近門檻，心有戚戚，不想邁進那個門檻，彷彿邁進之後，人生就毫無希望。彷彿快樂自由的生活從此消失，人生的掌控從此交予他人。

年少時，覺得三十歲實在可以稱得上「中年婦女」了。當自己也在三十歲的門檻踟躕時，才明白：三十歲，也沒有想像中那麼老嘛。

三十歲的恐慌，一直籠罩著我，讓平靜的生活多了一層憂慮。我們害怕來不及，要求自己非要在多少歲之前，達到什麼樣的狀態。我們害怕來不及，因此很著急、很浮躁，恨不得立刻就得到自己想要的一切，然後後半生過著躺在床上數錢的日子。

§

年初，一個人去美國出差。在美國的兩個星期，居然治癒了我的三十歲恐慌症。因為看到那些「上了年紀」的女性，依然活力四射。共事的同事大多在四十至六十歲。他們不會因為自己的年齡而受限，覺得自己不適合做某事。

從奧斯汀飛往鳳凰城，同事大衛開車接我一起去機場。當汽車停在飯店門口，我看到大衛坐在副駕駛的座位上，開車的是一位女士。她下車與我握手。我穿著厚厚的羽絨服，她卻只穿了短袖和短褲，看起來很有運動風。

琳已經五十多歲，她的臉上也都是皺紋，但充滿活力。送我們到機場之後，她要去練習長跑，她是馬拉松愛好者。到了機場，她跟我們道別，在轉身離去時，大衛說：「甜心，你是不是忘記了一件事？」她笑著擁抱大衛並親吻了他。

那一刻，我作為旁觀者，看著他們的熱吻，心生羨慕。從背影看，琳猶如二十多歲的女孩一般曼妙和美好。歲月，擋不住彼此的溫情。在我眼裡，她根本就不像是五十多歲滿臉皺紋的女子，反而是二十多歲，充滿活力的女子。

擁吻後，琳轉身與我們道別，開車離去。

大衛和妻子琳，計畫在二〇一七年去巴黎旅行，慶祝二十五週年結婚紀念日。他們沒有孩子，兩人依然甜蜜如同新婚夫婦。

我一直回想那一幕，那擁吻的場景擊中了我心底最柔軟的地方。即使我和先生在機場離別，只有擁抱，而不會親吻。對比同年齡的父母和公公婆婆，夫妻的相處之道差別好大。我甚至沒有看過他們牽手和擁抱。

看著琳，我突然意識到，我對年齡的恐懼，也許是害怕年齡大了失去魅力吧。殊不知，魅力並不是指臉上的蘋果肌，也不是小蠻腰，而是青春和活力。青春和活力與年齡無關。

學生時代，背誦新東方的《生而為贏》這本書，最喜歡的就是第一篇《青春》，至今能夠脫口而出：「青春不是年華，而是心境；青春不是桃面、丹唇、柔膝，而是深沉的意志，恢宏的想像，炙熱的感情；青春是生命的深泉在湧流。青春氣貫長虹，勇銳蓋過怯弱，進取壓倒苟安。如此銳氣，二十後生而有之，六旬男子則更多見。年歲有加，並非垂老，理想丟棄，方墮暮年。」

青春不是年華，而是心境，只要你有一顆年輕的心，即使八十歲，你依然是少年。

安即將步入五十知天命的年齡，她四十五歲才結婚。到了美國，還沒有見到她，就被她辦公桌上的照片驚呆了。當時心裡只想到一個詞來形容她：Gorgeous，如此優雅，端莊。

第二天，在辦公室見到她，金髮碧眼，標準的美國人。她踩著高跟鞋，穿著套裝，優雅而專業。我依然可以在她臉上看到皺紋，尤其是在下巴部位，而我的眼睛卻無法從她身上轉移，因為太優雅。皺紋並不會影響她的美貌和優雅。

最讓我驚訝的是蘿莉，我與她共事三年多，當她走進辦公室時，我完全不知道是誰，在想是哪位高階主管。

蘿莉六十多歲依然精力充沛，她不想退休，除了公司的工作，還擔任各個組織的董事會成員。她每天很忙碌，早上四點鐘就起床。她開拉風的特斯拉自排車，每天打扮時尚，拉著拉桿箱上班，就像穿著PRPDA的惡魔。

即使臉上有皺紋，依然美好。我對於年齡的恐懼也就慢慢消失。**我們對於年齡的恐懼，也許是害怕喪失機會吧，覺得自己年齡大了，選擇的餘地少了，自己的機會也少了。其實，是我們的思維局限了自己，無論到了什麼年齡，都有選擇的權利。年齡不是阻礙你的因素。**

§

在中國，那些五十多歲的美人們，臉上基本看不到皺紋，跟二十多歲的女子一樣。而在美國，我所看到的美不是凍齡的美，她們有皺紋，也有青春活力。我也才明白，即使滿臉皺紋，也可以美得如此耀眼。

從二十五歲開始長出第一條細紋，就開始了艱苦卓絕的抗皺之路。其實，皺紋沒什麼可怕，可怕的是心的蒼老。

我接受了皺紋，我也意識到，容貌和年齡都無法阻擋那顆青春的心。

當我看到了不同的生命狀態，看到她們熱情洋溢的生活，我意識到，我也可以有這樣的生活。

我害怕三十歲，其實是害怕過了三十歲之後，會漸漸失去魅力。**人生每個階段都可以有獨特的魅力。魅力不僅僅源於外表，更源於生命力。**

三十歲的恐慌，是因為自己的思維有所局限。三十而立，立的不是事業，而是思維模式。思維模式才是人與人之間最大的區別。

年齡，根本就不應該成為你的限制。當你想要做什麼事情時，不要拿年齡作為藉口。人生不設限，首先要打破年齡的限制。

就像湯唯說的：「年齡就是一個數字而已，不要因為數字而桎梏你的人生。無論在什麼樣的年齡，都應該相信命運掌握在自己手中。」

三十歲之後的人生，會更加精彩。此時的我們經濟獨立、精神獨立，有能力選擇自己想要的人生。

快到三十歲，我真正感受到，人生掌握在自己的手裡。

二十幾歲時，總覺得很慌張，內心充滿了對未來的不確定性。沒有主見，隨波逐流，看似安穩，實際上卻對當下的狀態百般抱怨，惶惶不可終日。相比之下，我更喜歡現在的狀態，內心有了篤定，也有了對生活的掌控感。我不再那麼慌張，更明白了，想要什麼樣的生活，我可以自己努力去爭取。

人生可以充滿各種可能性，人生有千萬種活法，不要被眼前的生活局限了，更不要受到年齡局限。**你是自己的生命設計師，你可以在人生的畫布上規劃你想要的生活，然後一步步把生活修正成你想要的樣子**。

是的，我現在快三十歲了，而我最好的人生才剛剛開始。

你與夢想之間，只差一個公式的距離

作者／弘丹

主編／林孜懃
特約編輯／張毓如
編輯協力／陳懿文
封面設計／萬勝安
行銷企劃／鍾曼靈
出版一部總編輯暨總監／王明雪

發行人／王榮文
出版發行／遠流出版事業股份有限公司
台北市南昌路 2 段 81 號 6 樓
電話／（02）23926899　傳真／（02）23926658　郵撥／0189456-1
著作權顧問／蕭雄淋律師
□ 2018 年 6 月 1 日　初版一刷

定價／新台幣 320 元（缺頁或破損的書，請寄回更換）

ISBN 978-957-32-8292-1

遠流博識網 http://www.ylib.com E-mail: ylib@ylib.com
遠流粉絲團 https://www.facebook.com/ylibfans

原著名：**時間的格局：讓每一分鐘為未來增值**

國家圖書館出版品預行編目（CIP）資料

你與夢想之間，只差一個公式的距離／弘丹著．
-- 初版．-- 台北市：遠流，2018.06
面；　公分
ISBN 978-957-32-8292-1（平裝）

1. 自我實現 2. 成功法

177.2　　107007157